나는
결정장애가
있어요

매번 무너지는 나를 위한
마음근육키우기

마음의 상처는

우리를 망설이게 한다

나는
결정장애가
있어요

임재호 지음

매번 무너지는
나를 위한
마음근육키우기

도서출판
두두

좀 더 자유롭고 '나다운 삶'을 위해...

우리 사회에서는 "나는 결정장애자다"라는 등 자신을 심리적 문제아로 규정함으로써, 그 프레임에 갇혀 고통받는 사람들이 의외로 많다. 저자가 이 책을 집필한 이유도 이러한 프레임으로 고통받는 이들에게 해방과 자유함을 얻도록 하는데 있다. 한국사회는 자신의 단점을 과대 진단하고 그것으로 자신을 짓누르는 잘못된 문화가 많다.

특히 오늘날 한국사회는 심리증상의 과잉시대이다. 결정장애, 우울증, ADHD, 특정불안증, 공황장애 등 심리적 문제를 진단하는 진단명이 넘쳐난다. 이런 식으로 진단한다면 멀쩡한 사람이 과연 얼마나 될까 의문이 들 정도이다. 심리적 병증을 진단하는 데 집착하다 보면, 그 병명 프레임에 갇혀 심리적 증상을 악화시킬 수 있다. 결정장애의 문제도 마찬가지다. 무슨 일만 생기면 "내가 결정장애라서 그런 것 같아"라며 자신을 환자로 규정하는 것이다. 이런 행위를 반복하다 보면, 멀지 않아 '그 증상 = 내 정체성'으로 굳어지는 것이다. 그렇게 되면, 나는 매일매일 그 진단병명에서 오는 불쾌감과 심적통증에 시달리게 된다.

어설픈 심리지식과 우리 생활 속 넘쳐나는 진단명은 자칫 우리 삶을 특정 프레임 안에 갇히게 만들 수 있다. 이 책은 다양한 나의 심리적 특성을 있는 그대로 이해하고, 심한 증상은 줄이고, 약화된 긍정적 근육을 강화하려는 데 있다.

수년 전 모 학회에서 심리학 특강을 하는데 한 중년여성이 질문을 해왔다.

"저는 특정한 꿈을 꾸고 난 다음날 00한 일이 벌어집니다. 그래서 외출을 못합니다. 이제는 두려워서 중요한 약속도 취소할 정도입니다. 어떻게 해야 할까요?"

충분한 정보와 분석이 필요한 질문이었지만 수백 명이 모인 대강당, 특강 상황이었기 때문에 짧지만 핵심적 답변이 필요한 순간이었다.

"그 꿈을 꾸었을 때 매번 사건이 벌어지시나요?, 아무 일 없던 날은 없나요?"

잠시 생각에 잠겨있던 그 여성은 이렇게 답했다.

"매번 그렇지는 않습니다. 절반 정도는 그런 것 같아요"

"그렇다면 절반 정도 아무 일 없던 날은 특정 꿈과의 연관성을 어떻게 해석해야 할까요?, 말씀대로라면 반드시 일이 벌어져야 하는데, 어떻게 정리하는 게 좋을까요?"

"글쎄요. 생각해 본 적이 없는데... 아무튼 무서워서 밖에 안 나가고 있어요"

강의를 마친 후 그녀는 저자에게 개인상담을 요청했고, 저자는 그녀와 몇 회에 걸친 심리상담을 실시했다. 그녀는 심리상담을 통해 '특정꿈 = 사고예감= 외출포기' 라는 삶의 공식과 프레임을 벗어버리고 자유함을 얻었다. 덤으로 불면증까지 털어낼 수 있었다.

우리의 삶을 제한하고 가두는 생각과 감정은 우리 자신이 만든 것이다. 나를 환자로 규정하고 벗어나지 못하게 하는 것 자체가 나를 병들게 하는 것이다. 그러므로 심리적 문제를 대하는 태도부터 바꾸는 것이 좋겠다. 우리 몸도 살아가면서 감기나 배탈, 상처 등 온갖 크고 작은 병을 겪듯이 우리의 마음도 살아가면서 이런 저런 심리적 증상을 겪는다. 이러한 심리적 증상도 있는 사실대로 쿨하게 인정하고, 해결해야겠다는 적극적 태도를 가지자.

상담을 하다 보면 가족관계, 남녀관계, 진로문제, 취직시험, 꿈이야기, 알콜리즘, 사고장면, 감정조절 어려움 등 다양한 사연들을 듣게 된다. 이러한 문제를 해결하는 열쇠는 바로 자신이 그 문제를 어떻게 이해하고 그 문제를 해결하려는 적극적인 태도가 있느냐 없느냐에 달렸다. 자신이 갖고 있는 문제점을 솔직히 인정하고 개선방안을 찾느냐, 아니면 그 문제점을 인정하지 않고 버티며 살아가느냐의 차이인 것이다. 인정하고 개선방안을 찾는 만큼 우리는 성장하고 건강하게 변화할 수 있는 것이다.

이 책은 뚝딱 만든 것이 아니다. 7년간이라는 오랜 세월이 필요했다. 소방청과 국방정신전력원에서 상담사례와 심리학 지식을 글로 써달라는 요청을 받고 책을 쓰기 시작한 지 7년이 지난 것이다. 이 글은 오랜 기간 수많은 내담자들과 심리상담한 내용들을 한줄 한줄 조각하듯이 써내려간 상담 사례집이라 할 것이다. 이러한 책이 나오도록 계기를 제공해준 공군 이경봉 대령님에게 감사의 말씀을 전한다.

좋은 책을 쓴다는 것은 힘든 노고를 동반한다는 것을 알았다. 그동안 상담한 자료를 정리 종합하고, 독자들에게 꼭 필요한 핵심사항을 전달하기 위해 어떤 내용을 어떻게 표현해야 할지 결정하는 것은 쉽지 않았다. 이러한 책을 만듦에 있어, 알기 쉽고 적절한 표현을 위해 꼼꼼하게 교정해주신 이희천 교수님께 감사드리고, 책 내용에 적합한 표지, 삽화 구성 등 좋은 책을 만들기 위해 각고의 노력을 해준 도서출판 두두의 이지현 대표님께 고마운 마음을 전한다.

저자가 훌륭한 심리학 스승님을 만나게 된 것은 기적과 같은 일이었고, 그로부터 배우고 익힌 심리상담 기법을 현실에 적용할 수 있도록 만들어 준 것도 좋은 분들과의 만남 덕분이다. 그 분들에게 머리 숙여 감사한다. 저자는 비록 신앙을 갖고 있지 않지만 신께 감사의 기도를 매 순간 올리며 살아가고 있다. 이 책을 읽는 모든 독자들이 심리적 그물에서 해방되어 진정한 자유함을 얻기를 신에게 기도드린다.

가을 하늘이 아름다운 진천 연구실에서

임 재 호 드림

우리의 삶을 제한하고 가두는
생각과 감정은
우리 자신이 만든 것이다.

Contents

차례

I 나는 결정장애가 있어요

Ⅱ 밋밋한
현실
받아들이기

III 그들은
당신을 위해
변하지
않을 것이다

IV 나를
조절하고,
건강하게
관리하기

마음의 누수상태 살피기

하루종일 공부하는데 성적이 오르지 않거나 매일 열심히 일만 하는데 능력이 부족하다는 이야기를 듣는다면 '마음상태'를 살피는 것이 바람직하다.

예를 들어 투입이 100인데 산출물이 50~60이라면 어디선가 틈이 생겨서 누수가 되고 있다는 증거이기 때문이다.

수험생들이 공부하기가 바빠서 마음을 살필 겨를이 없다고 이야기하는 경우가 많다. 그런데 이건 잘못 판단한 것이다. 국가대표들은 힘들게 훈련하면서도 휴식과 심리상태 점검, 스포츠마사지, 상담 등 주기적으로 관리하며 실력을 기르고 있다. 계속 훈련만 하는 것이 아니라 휴식과 심리상담, 잘 먹는 것, 긴장된 근육 풀어주기 등이 결국 실력향상에 큰 영향을 미치는 것을 잘 알기 때문이다.

휴식과 심리상담,

잘 먹는 것,

긴장된 근육 풀어주기

,

결정장애는 부모, 또는 성장환경에서
비롯되는 경우가 많다.

I

나는
결정장애가
있어요

01
나는 결정장애가 있어요

,

　　요즘 식당이나 커피점에서 무슨 음식을 먹을까, 무슨 커피를 마실까 결정을 앞두고 어려움을 느끼는 사람들이 의외로 많다. 이들은 "저는 결정장애가 있는 것 같아요"라고 말하곤 한다. 실제 결정하는데 많은 심적 고통을 느껴서 그런 표현을 하는 사람도 있지만, 입버릇처럼 조금은 농담처럼 말하는 사람도 있다.

1) 과연 결정장애란 뭘까?
결정장애를 설명하기에 앞서 우리 스스로를 '결정장애를 가졌다'라고 자가진단하는 태도를 되짚어볼 필요가 있다. 우리나라 사람들은 자가 진단을 참 잘하는 경향이 있

결정장애란 어떤 결정을 함에 있어 심리적 고통을
느끼는 상태를 말한다.

다. 우리는 병원에 가서 의사에게 "감기 때문에 왔습니다", "우울증입니다"라며, 의사가 진단하기도 전에 자신의 병명을 미리 단정 짓고 설명하는 데 익숙하다. 하지만 자신이 스스로 병명을 결정장애라고 의사에게 말하는 순간부터 이 병을 어떻게 치료할지에 대해서만 관심을 기울이며 논의하게 된다.

결정장애란 어떤 결정을 함에 있어 심리적 고통을 느끼는 상태를 말한다. 결정장애라고 표현되는 증상은 식사 메뉴나 음료 종류, 또는 백화점에서 옷을 고를 때 등 여러 가지 상품 중에서 한 개를 골라야 할 때 나타난다. 사람들이 결정장애 증상으로 상담을 할 때, 호소하는 문제들은 대체로 몇 가지로 정리해 볼 수 있다.

  − 내가 결정해도 되나?
  − A를 선택하면 B를 선택하지 않은 것에 대해
    후회할지도 몰라

- 결정하면 어쩐지 비난받을 것 같은 느낌

- 어쨌든 찜찜한 기분, 불편한 느낌 등

- 결정 자체에 대한 부담감, 어려운 느낌

- 내가 원하는 것이 무엇인지 명확하지 않다는 생각

위에서 정리한 내용 외에도 사람마다 원인, 생각, 느낌이 다를 수 있다. 그럼에도 '결정장애'라는 표현은 지금부터 사용하지 않기를 권하고 싶다. '장애'는 말 그대로 Disorder (고장, 망가짐)를 의미한다. "내 팔자가 그렇지 뭐"라는 말을 계속 반복하면 어떻게 될까? 하루 이틀, 몇 달, 1년, 5년 이렇게 지속적으로 말하다 보면 나중에는 그 말에 담긴 무게에 짓눌리게 된다. '나는 결정장애인'이라고 자신을 규정하는 것은 심리적으로 무거운 돌덩이를 질질 끌고 다니는 것이고, 점점 그 무게를 더 키우는 것이다. 이러한 현상은 현재의 현재의 삶의 질을 망가뜨리고, 갈수록 관리가 어려울 만큼 우리 삶을 찌그러트릴 수 있기 때문에 주의해야 한다.

[그림] 결정장애로 고착화되는 심리구조

위 그림에서 보듯이 유사한 상황을 거듭 경험하게 되면, 자연스럽게 자신을 결정장애자라고 생각하면서 결정상황을 회피하는 경향이 강해진다. 다시 말하면 자신에게 결정장애가 있다고 스스로 진단하고, 틈날 때마다 되뇌면서 그 관념을 강화한다. 더욱이 음식 메뉴 고를 때 어려움을 느끼면 "역시 나는 결정장애가 맞아"라고 더욱 확신하게 된다.

2) 실패하지 않고, 항상 뛰어난 결정이라는 평가를 받고 싶은 조바심

우리나라에서 자신을 결정장애라고 진단하는 경향이 많은 것은 우리나라의 조급한 문화, 성장 과정, 강박적인 습관 등과 관련이 있다. 또한, 어려서부터 경쟁적으로

'빨리빨리' 신속한 결정을 강요받는 문화, 다른 사람과 비교당하는 문화, 결정에 대한 책임 여부를 따지는 문화 등과 깊이 관련이 있다.

"빨리 결정해라"
"짧은 시간 내에 정답을 맞춰야 한다"
"다른 사람들은 잘하는데, 너는 왜 그것도 못하느냐"
"왜 유독 혼자만 튀는 음식을 주문하느냐"
"하여튼, 특이해...."

이처럼 우리 사회에는 빨리 결정을 하되, 전체 분위기를 거스르지 않고, 튀지 않는 결정을 해야 한다는 은근한 사회적 압박감이 형성되어 있다. 내가 원하는 것보다는 다른 사람들과 비슷한 범위 안으로 들어가야 한다는 인식을 강하게 가지고 있다. 남들과 조금 다른 선택을 하면, 마치 잘못을 하고 있는 듯한 분위기가 감지되기도 한다.

또한 "공부를 못하면 안 된다" "방심하면 안 된다" "점점 안정된 직장이 없어진다" 등 삶에 여유와 희망적 메시지보다는 절벽 앞에 서 있는 것 같은 느낌을 심어주는 환경에 익숙해져 왔다. 우리는 우선 이러한 잘못된 관념을 키우는 생활방식을 멈추는 것이 필요하다.

결정장애는 부모, 또는 성장환경에서 비롯되는 경우가 많다. 스스로 하는 것보다 주변에서 많은 것을 해결해주는 방식에 많이 노출된 경우 나타날 수 있는 증상이다. 부모들이 자녀들에게 입는 것, 먹는 것, 숙제, 학원 등을 지속적으로 선택해줄 경우, 자녀들은 스스로 선택할 일이 별로 없다. 그렇다 보니, 스스로 결정, 선택하는 경험이 없어서 항상 어설프다. 그런데, 아이가 성장하면서 혼자 선택해야 하는 경우가 많아지고, 사춘기를 지나면서 점점 자기 스스로 선택하고 싶은 욕구도 늘어난다. 그러나 선택의 경험이 부족하기 때문에 잘못된 선택으로 인한 후회, 손실, 비난 등을 받게 되고 스트레스가 커지는 것을 경험하게 된다.

중학생, 고등학생, 대학생이 되어 스스로 옷을 구매했는데, 가까운 가족들로부터 "뭐 그런 옷을 샀니", "옷 색깔이 그게 뭐야"라며 비난을 받기도 한다. 옷을 고를 때 "뭐 그런 옷을 골랐어. 그냥 우리가 골라주는 것으로 입어"라고 핀잔을 들으며, 기존의 방식을 유지할 것을 강요받기도 한다. 대부분은 자연스럽게 성장 과정에서 이런 힘겨루기를 끝내고 스스로 선택의 폭을 넓히며 성인으로 성장하게 된다. 그러나 서로의 생활에 깊게 관여하는 가족 문화를 지닌 경우, 성인이 된 이후에도 상대방의 선택을 좌지우지하려는 간섭으로 이어진다. 결혼 이후에도 자녀들이 집안에 필요한 작은 물건들을 구매할 때마다 부모에게 물어보고, 부모는 자녀들에게 일일이 조언하는 일이 발생하는 것이다.

3) 결정 못하고 떠넘기고, 다른 사람들 의견을 모아서 방패막이를 만드는 상급자

학창시절 항상 성적이 좋고, 우수하다는 평가를 받으며 성장한 사람 중에 사회적으로 인정받는 높은 직위, 즉 상급자가 된 후에 결정장애 현상이 극심해지는 경우가 있다. 상급자가 되면 어떤 식으로든 최종결정을 해야 하는 순간이 수시로 다가오기 때문이다.

"상급 부서에서 지침을 받아서 하시지요"
"이상 없는지, 다른 사람들의 다양한 의견을 들어보고 결정합시다"
"그동안 어떤 식으로 해왔는지 과거 사례를 조사해보세요"

관련 내용을 검토하고 보고하는 것은 조직원의 임무이지만, 최종결정과 총괄 권한은 리더, 기관장에게 있다. 모든 일에 수학 문제처럼 답이 정해져 있으면 좋겠지만, 이들이 해야 하는 의사결정에는 항상 찬성과 반대, 강점과 약점이 동시에 존재한다. 이런 상황에서, 이들은 잘못된 결정으로 책임을 지거나 비난을 받지나 않을까, 무능하고 허점을 보이지는 않을까 늘 전전긍긍하는 모습을 보인다. 이런 리더들과 근무하는 부하직원들은 리더의 강박적인 확인작업과 작은 것 하나하나 간섭하는 '마이크로 리더십'에 숨통이 막힐 수밖에 없다.

필자는 한 외국계 기업을 심사 하던 중 위와 같은 스타일의 한국지사장이 하루아침에 해고당하는 모습을 눈앞에서 본 적이 있다. 지사장은 앞에서 언급한 특성을 가지고 있어 모든 부하직원이 힘들어하고 있었다. 결국, 본사는 그가 하루라도 더 근무하는 것이 조직원들과 조직에 독이 된다는 판단에 따라 아침에 출근한 사장에게 바로 집으로 돌아가라는 해고 통보를 했다. 잠시도 회사에 머물지 말라는 메시지도 함께 왔던 것으로 기억이 된다.
안타까운 것은 이런 사례와 같이 강박적이고, 책임회피

형의 의사결정을 하는 리더들이 공직사회나 민간기업 여기저기에서 많이 보인다는 점이다.

4) 결정장애는 심리적인 걸림돌이다.

내가 이렇게 결정하면 혼나지 않을까 하는 느낌, 내가 이렇게 결정하면 안 된다는 생각으로 멈칫거림, 또는 지금까지 결정해본 적이 별로 없어서 어떻게 결정해야 할지 혼란스러움 등이 결정에 대한 심리적 장애물이다. 이러한 심리적 장애물은 그간의 불안, 걱정, 긴장이 누적된 결과물이라 할 수 있다. 이로 인해 편안하고 자연스럽게 결정하고 그 결과를 받아들이지 못하게 되는 것이다.

어떤 선택이나 결정을 하면 만족, 번민, 후회, 비난, 즐거움 등이 교차해서 경험하게 되는데, 이는 당연하고 자연스러운 현상이다. 이런 경험은 향후 선택을 할 때 좋은 기준으로 작용하게 된다. 열심히 고민해서 선택했으면 결과에 대해 만족하는 것으로 마무리하고, 아쉬운 점은 다음번에 보충하기로 하는 것으로 심리적 정리를 해야 한다. 이러한 과정을 반복함으로써 선택에 대한 긍정적 마무리를 체화해야 한다. 결정한 후에 뒤돌아보며 '내 결정의 후회 보따리'를 끌고 다니지 말아야 한다.

그러므로 우리는 결정으로 인한 다양한 경험을 하도록 하고, 그 결과를 긍정적으로 받아들이도록 해야 한다. 부모들은 자녀들에게 조금씩 '결정 · 후회 · 만족' 등의 경험이 축적되도록 기회를 제공해야 한다. 부모들은 자녀들에게 의도적으로라도 이런 기회를 제공하고 성공의 경험과 실패의 경험과 지식을 축적하도록 이끌어야 한다. 이것이 자녀들에게 결정에 대한 마음근육을 키워주는 좋은 방법이다. 부모가 결정을 대신 해주는 것은 이러한 자녀들의 결정으로 인한 다양한 경험을 박탈하는 것이고, 결정장애를 가져오는 부작용을 낳는 것이다.

결정장애 증상이 심하게 반복됨으로 인해 불편함이 과도할 경우, 전문가와 상담을 통해 심리적 장애물을 제거하는 것도 필요하다. 혼자서 해결하려 하면 시간이 오래 걸리고 잘 해결되지 않을 수도 있기 때문이다. 자칫 그물 속에서 갇혀 버둥거리는 것처럼 더 엉킬 수 있기 때문에, 전문가를 잘 활용하는 지혜도 필요하다.

심리적 장애물은 자신으로 끝나지 않고 자녀들에게까지 대물림되는 경향이 강하다. 결정장애도 마찬가지다. 그러므로 심리적 장애가 있을 때, 이를 무시하지 말고 수시로 사이즈를 줄이는 등 해소하기 위해 노력해야 한다. 우리는 지금부터 가벼운 마음으로 그냥 어떤 선택을 하고, 결정한 후에는 맛있게 먹고, 잘 입고 다녀보도록 해보자.

"이 정도면 좋다. 훌륭하다"
"다음에는 이번 일을 교훈 삼아 조금 더 잘해보자"를 입으로 되뇌면서...

02
부장님은 로딩중...

，

도대체 언제쯤 결정을 할까?

　　　모 기업에 근무하는 A 대리는 결정을 못
하는 부장님으로 인한 업무 지연과 이와 연관되어 반복
되는 회의에 스트레스를 받고 있었다.

A 과장은 임원진 회의내용을 기초로 보고서를 작성하였
다. 그러나 매번 부장님은 보고서를 받아든 채 이렇게 저
렇게 수정을 할 뿐 무엇을, 어떻게 할 것인지 명확하게
의사결정을 하지 못하고 있다. 긴 시간 동안 질문과 답변
을 거친 후 부장님은 결국 '다시 검토해봐', '다시 살펴
봐' 라며 거듭 검토를 지시했다. 이러한 결재과정은 반복

되었고, 일은 한없이 지체되었다.

회의 시간 역시 안건을 만지작거리고, 1~2시간 이상을 반복적인 회의를 했지만, 마지막 멘트는 '더 살펴보자' 라며 오히려 확인 사항이 늘어나는 일이 다반사였다. 직원들 사이에서 부장은 '책임회피형 인간' 으로 소문나 있었고, 자신이 결정한 것으로 비칠만한 내용에 대해서는 'Yes' 라고 말하지 않고 돌려서 말하는 스타일이다 보니, 직원들이 먼저 싫어할 만한 내용을 빼고 결재에 들어가는 일이 늘어났다. 당연히 조직 내 소통은 일방적이고 꽉 막혀있는 상황이 되었다. 직원들은 마음속에서 아래와 같은 요청을 반복하고 있다.

"이미 살펴봤고, 지난번에 동의하셨잖아요. 이젠 결정하세요!"
이러한 상황은 회사생활, 조직생활, 일상생활을 하는 가운데 얼마든지 경험할 수 있는 내용이다. 누구든지 그런 상사를 경험했을 것이고, 또한 자신이 상사의 위치에서 분명한 의사결정을 하지 못하고 미루어본 경험도 했을 것이다. 우리는 상사로서 의사결정을 하는 데 있어 작든 크든 이런 문제가 없는지 점검해 볼 필요가 있다. 사람들 중에는 '나는 그런 문제가 없다. 나는 이 문제에서 완벽하다' 라고 장담하는 경우도 있는데, 그런 사람은 오히려 자신의 문제점을 간파하지 못하고 있을 가능성이 크다. 그러므로 누구든지 자신의 맹점(눈에 보이지 않음)을 계속 찾아내서 개선하려는 노력이 필요하다.

상사는 왜 의사결정이 필요한 순간에 분명하고 신속하게 하지 못하는 것일까? 상사는 왜 의사결정을 앞두고 우유부단해져 결정을 뒤로 미루거나 부하직원에게 거듭 검토를 요구하는 등 의사결정을 다른 사람에게 미루는 것일까?

부하직원 시절에는 과감한 대책을 제출하던 사람이, 정

작 자기가 상급자가 되면 신중하게 의사결정을 하는 경향이 강해진다. 그 이유는 자신이 부하직원으로 있을 때는 상급자가 책임을 지기 때문에 과감한 대책을 낼 수 있지만, 막상 자신이 상급자가 되면 의사결정에 대한 책임을 져야 하는 문제가 대두되기 때문이다.

이같은 상사의 결정장애 양상은 좀 더 복잡한 형태로 나타날 수 있다.

부하직원 때 일 잘하고 소통을 잘하는 나이스한 직원이라는 소문이 났던 엘리트 출신 상사들에게서 자주 나타나는 유형이다. 이들은 그간의 자신에 대한 멋진 평판을 잃지 않으려고 집착하는 경향이 강하다. 이러한 상사는 의사결정을 앞두고 자신의 이미지를 나쁘게 하는 그 어떤 책임도 지지 않으려고 하기 때문에, 의사결정을 앞두고 심각한 장애를 겪는 것이다.

이러한 유형의 심리구조를 가진 상사는 자신에게 책임이 돌아오는 결정을 극도로 꺼리며, 결정을 하더라도 그 책

상사는 왜 의사결정이 필요한 순간에 분명하고
신속하게 하지 못하는 것일까?

임이 부하직원에게 돌아가도록 하려 한다. 그는 내심의 의사를 직접적으로 밝히지 않고 애매하게 표현하는 것이다. 이유는 그 프로젝트 추진을 반대하면 일하기 싫어하는 사람으로 찍힐까 두려워하고, 프로젝트 추진을 결정하려니, 혹시 실패로 인한 책임이 돌아올까, 유능하다는 평판에 상처가 날까 두려워하기 때문이다.

이 같은 답정녀(답은 정해져 있으니까 너는 대답만 해) 상사는 부하들에게 거듭 재검토를 요구하기 때문에 부하직원들이 겪는 고통이 심하다. 그래서 자기가 결정하지 않고 부하직원들이 자기가 원하는 답을 내도록 "다시 검토해봐", "다른 자료를 찾아봐" 등 계속 거부하고 딴지를 거는 것이다. 결국, 부하직원들이 지쳐서 "이 사업은 하지 마시죠"라고 하면, '얼씨구나' 하면서 상사에게는 "(저는 아닌데), 부하들이 원해서 사업을 하기 힘들다"고 보고하는 것이다. 어쩔 수 없이 사업을 하게 되더라도 부하들이 대안을 제시하도록 하면, 실패의 책임을 부하들에게 떠넘길 수 있고, 자신의 좋은 이미지를 유지할 수 있는 것이다. 이러한 상사의 의사결정 장애는 내면의 심각한 강박증과 분열적 요소가 복합적으로 나타나는 경우로, 부하들이 행동방안을 찾기가 매우 힘들다.

이렇듯 여러 가지 복합적인 심리문제로 인한 결정장애도 있지만, 일반적으로 직장에서 상사들이 의사결정을 앞두고 보이는 결정장애 현상들도 깊이 들어가 보면 그의 내면에 있는 심리적 문제와 맞닿아 있다. 지점장 등 기관장이나 부장 등 부서장들은 의사결정을 하는 순간에 주저하거나 이중적 행동을 하는 '자신'과 마주하게 된다. 특히 나이를 먹을수록 이런 현상은 커지게 된다.

기관장이나 부서장이 의사결정을 할 때 주저하고 부하에게 미루는 태도는 특히 책임이 뒤따르거나 칭찬보다는 비난을 받기 쉬운 일을 결정할 때 두드러지게 나타난다. 이때 의사결정자는 스스로 '내게 책임이 돌아올지 몰라.', '주변으로부터 비난받을지 몰라' 등 두려움으로 전전긍긍하는 자신의 심리적 문제와 마주치게 된다. 아무리 유능한 사람이라도 의사결정에 대한 두려움이나 책임지지 않으려는 심리가 내면에 있으면 합리적인 결정을 내리기 힘들다. 그래서 부하가 만든 보고서를 앞에 두고 '검토'를 외치고 '다시 살펴봐'를 주문하는 것이다.

기관장, 부서장 등이 의사결정을 신속하게 하지 못하고 '로딩 중'이라는 것은 '자신의 내면 문제' 즉 심리적 문제 때문이다. 이와 반대로 흔쾌히 결정하고 머뭇거리지 않는 기관장이나 부서장도 있는데, 자신의 심리적 문제에서 자유로운 사람들이라 할 수 있다. 이들은 아래와 같은 생각을 지배적으로 가지고 있다.

"결정을 할 때 위험 부담이 없는 경우가 어디 있어?"

"일이란 잘못될 때도 있지. 그러나 도전해야 더 앞으로 발전해 나갈 수 있지"

"문제가 생기면 내가 책임지면 되지"

이런 '미움받을 용기'가 있는 사람들은 심리적 근육이 강하기 때문에 의사결정을 함에 있어 두려움이 적다. 비난을 두려워하지 않는다. 그리고 이런 태도가 업무역량을 높이기 때문에 일도 더 잘 될 거라는 믿음을 지니고 있다.

반면 '미움 받을 용기'가 없는 기관장, 관리자는 조직 내 이해관계가 얽혀서 갈등이 있는 경우 외면하고 개입을 하지 않으려 한다. 이런 갈등은 쉽게 해결되지 않고, 자칫 특정인의 편을 든다는 평가를 받을 수 있기 때문에 과거부터 이어져 온 갈등에 대해서는 내가 있는 동안 개선하려 애쓰지 않는 것이다.

가끔 그런 관리자, 기관장을 보면 머리 위에 모래시계를 달고 다니는 것으로 보인다. 모래시계가 '로딩 중'이라는 표시를 보여주는 듯하다.

직급이 올라갈수록 '권한과 책임'이 모두 늘어난다. 바람직한 직원상은 직급에 맞게, 권한과 책임 두 가지에 균형성을 갖는 것이다. 우선 자기의 직급에 맞는 권한과 책임을 져야 하는데, 부장이 대리처럼 처신하거나 대리가 부장 역할을 대신하는 것도 바람직하지 않다. 또한, 그 직급에 주어지는 권한과 책임을 균형 있게 가져야 하는데, 어느 한쪽으로 지나치게 기울면 안 된다. 권한은 많이 행사하면서 책임을 지지 않으려 하거나 그 반대의 경우도 우리가 원치 않는 방향이다.

앞에서 언급한 부분들은 직장생활을 함에 있어서 나타나는 문제들로, 적극적으로 개선해야 하는 것들이다. 개선이 안 된 채 직급이 올라가면 강박적으로 '확인' '검토' 반복하는 행태로 나타나기도 하고, 책임 회피, 업무 회피 등으로도 나타날 수 있다. 그러면 부하들이나 동료들로부터 "김 부장과 함께 일하면 짜증 나고 피곤하다"라는 말을 듣게 된다. 이는 자신의 심리적 문제가 주변인들을 힘들게 하고 피곤하게 만들고 있다는 방증이다. 이 패턴은 가정에서도 나타나서 자녀들을 괴롭히고 강박성을 지니도록 만드는 주요한 원인이 될 수 있다.

상대방 목을 꽉 움켜쥐고 삶을 살아가는 모습을 상상해

보면 끔찍하다. 그 목을 움켜쥔 당사자도 숨쉬기 어렵고, 잡힌 사람 역시 고통의 시간을 보내야 한다.

현실 세계는 칭찬과 비난이 함께 존재하는 세상임을 알아야 하고, 좋은 이야기만 듣고 싶어 하는 미련을 덜어내야 한다. '당장 내 귀에는 안 들리지만, 뒤에서 나에 대한 비난이 거세지고 조직에서 내가 떠나기만 기다리는 사람이 대부분일지도 모른다'는 생각을 해보면 이 문제를 빨리 고치는 것이 필요하다는 것을 인식할 수 있다.

또한, 상사로부터 '검토해봐'라는 지시에 시달리는 실무 직원 입장에서 살펴보면 결재과정에서 '로딩 중'인 상사로 인해 짜증과 화가 나 힘들 것이다. 그러나 이것이 결국 상사의 심리적 문제 때문이라는 것을 인식하는 것이 중요하다. 상사는 스스로가 자신의 목을 꽉 쥐고 숨막히게 살아가는 사람이라는 인식이 필요하다. 앞으로도 상사의 스타일은 바뀌지 않고 반복될 것이다. 그러므로 상사의 스타일에 맞춰 탄력적으로 일을 추진하는 지혜가 필요하다. 그를 설득할 만한 일반적인 논리는 힘을 쓰지 못할 것이다. 논리를 찾지 말고, '지혜'를 찾는 편이 효과적이고 빠르다.

우리는 직급이 올라갈수록, 나이를 먹을수록 '자신의 내면 문제' 즉 자아와 마주하게 된다. 현실에서 마주치는 애매하고 복잡한 문제일수록 자신의 밑바닥에 있는 심리 문제들과 관련되어 있음을 깨닫고, 스스로 심리적 균형을 갖추려는 노력, 심리적 근육을 강화하려는 노력을 해야 한다. 그러면 '자신의 성장' '깨달음' '관계회복'의 좋은 결과로 이어지게 될 것이다.

03
"네, 네, 네, 네" 과장님

,

상담을 요청한 A 과장은, 동료 B 과장의 꼼수와 편법, 상급자에게만 잘 보이고, 조직의 시스템을 교란시키는 행태로 힘들어했다. 우리가 이러한 사례를 살펴보는 이유는 누군가를 비난하기 위함이 아니다. 상대방의 심리적 특성과 문제를 잘 이해하고 적절한 대응방안을 찾거나 피해를 줄이기 위함이다.

부장 : "이번에 A, B 과제를 추가하려고 합니다. 어떠세요?"
B 과장 : "네, 네, 네. 가능합니다. 꽤 힘든 일이지만 ~~~ 하면 됩니다."

부장 : "김 과장! 박 과장은 이번 달에 바빠서 어렵다고 하던데... 괜찮을까요?"

B 과장 : "네, 네, 네, 네... 괜찮습니다. 저는 상관없습니다."

위 대화를 읽는 순간 떠오르는 단어는 "예스맨"일 것이다. 이런 사례를 보면, 갑자기 자신이 직장에서 겪는 동료나 상사가 떠올라 화가 치밀어 오르는 사람이 분명 있을 것이다. 직장생활에서 이런 동료나 상사를 만나면, 윗사람은 좋을지 몰라도 동료나 부하직원들은 이 사람으로 인해 피곤함과 짜증을 느끼고, 여러 가지 피해를 입기도 한다.

상사의 지시에 거절하지 못하고 무조건 받아오는 예스맨들 때문에 부하들은 항상 과중한 업무에 시달리게 되고, 때로는 옆의 동료들에게까지 불똥이 튀기도 한다. 이러한 '네, 네, 네, 네' 관리자가 집중력이 있고 업무능력이 뛰어나다면 다행이지만 이들 대부분은 성실함이 없을 뿐 아니라 과중한 업무 수행에 필요한 시간과 노력 투자는 피하려 하고 업무능력 역시 부족하다.

이들은 부족한 업무능력을 메꾸고, 윗사람에게 잘 보이기 위해 동료, 부하직원을 최대한 활용하는 방식을 택한다. 이로 인해 동료와 부하는 갑자기 떨어지는 업무로 인해 당황하고, 스트레스 상황에 놓이는 경우가 많다. '네, 네,네,네' 관리자는 주변에 마치 자신이 다 한 것처럼 생색을 내는 데 능숙하다. 그는 상사의 사무실을 들락거리며 자신이 열심히 일을 하고 있는 것처럼 분위기를 연출한다. 일은 다른 사람들에게 시켜 놓고 자신이 중심에 서서 일을 잘 수행하고 있다는 모양새를 드러내는 것이다.

상사 입장에서 보면, 그가 듣기 좋은 말만 하고, 어떤 어려운 지시라도 웃는 얼굴로 항상 '네,네,네,네' 수용적 태도로 반응하며, 결과를 만들어 오니 마음에 들지 않을

수가 없다. 그러나 함께 일하는 동료 입장에서 보면 정말 얄밉고, 열 받게 만드는 존재일 것이다. 더 큰 문제는 '네,네,네,네' 과장이 벌인 일이 방향성 없이 확장하다 보니 옆에 있다가 유탄을 맞는 격이고, 그 공로는 '네,네, 네,네' 과장이 항상 차지해 간다는 것이다. 이로 인해 피해를 보는 A 과장과 동료의 스트레스는 점점 커져 간다.

B 과장(네,네,네,네 과장)이 사전협의 없이 상급자에게 "네,네,네,네" 하면서 일을 만든 내용에 대해 A 과장(내담자)이 반대의견을 내놓거나 시기조절을 요청하는 경우, 더 바보가 될 수 있다. B 과장은 적극적인데 A 과장은 졸지에 저항하고 불만을 표출하는 존재로 인식될 수 있기 때문이다.

"네,네,네,네" 과장은 왜 이러는 걸까? 어떤 심리 때문일까? 이는 주로 아래와 같은 심리적 특성을 가지고 있기 때문이다. 우리는 그의 이러한 심리적 구조를 잘 이해함으로써 피해가 생기지 않도록 주의할 필요가 있다.

※ B 과장(네,네,네,네 과장)의 심리적 특성은 뭘까?

- 모든 관심은 자신이 어떻게 더 많이 칭찬을 받을 수 있을까에 있다.

- 선배나 동료에 뒤지는 것을 용납하지 않으며, 이들에게 양보하는 것은 생각하지 않는다.

- 겉으로는 웃고 있지만, 자신의 이해관계와 마주하거나 도움을 요청받으면 갑자기 싸늘하게 돌변한다.

- 오로지 상급자에게만 잘 보이려 하고, 동료나 부하를 중요시 하지 않는 등 조직의 단합을 저해한다.

- 동료와 경쟁자에 대해 우회적 험담을 하고 다닌다.

- 동료, 선후배들과 일상적인 대화를 잘 하지 못한다.

- 이쪽에서는 "합의되었다"고 말하고, 저쪽에 가서는 "아니다"라며 말을 바꾼다. 매번 상황에 따라 임기응변식으로 '모면' 하는 방식으로 대응을 한다.

- 그는 다른 사람과 함께 하는 기존의 일은 하지 않으려 한다. 자신을 드러내지 못하기 때문이다. 특히 다른 사람에게 관심을 끌 만하고 자신의 우월성을 드러낼 만한 새로

운 일을 하는 데 애를 쓴다.

- 경쟁 관계에 있는 사람이 만만치 않은 경우 '소극적 비판'으로 대처한다.

    *소극적 대처 : 경쟁 관계 있는 사람이 억압적이라 자신이 은근 피해를 보고 있어서 힘들다는 '피해자 코스프레'를 하고 다닌다.

    *기존의 일을 소홀히 하므로 그만큼 다른 사람의 일이 늘어난다.

이런 사람들은 성장과정에서 강압적인 가정 분위기였거나 어떤 실수나 실패를 했을 때 부모로부터 과도한 야단이나 비난을 받은 경우가 많다. 다시 말하면, 부모로부터 항상 신뢰받는다는 믿음을 받지 못했으며 잘못했을 때 야단을 맞거나 칭찬을 받기 위해 의존하는 성장환경이었다는 점이다. 이러한 성장환경 속에서 원만한 인간관계가 중요한 것이 아니라 내가 칭찬을 받고 Best가 되도록 하는 데 집중하는 힘을 키우고 그에 필요한 행동과 품성을 형성해온 것이다. 이때 주변의 친구들에 대한 배려와 그들이 겪을 피해는 고려하지 않도록 성장했다. 사실 이들은 칭찬에 모든 걸 걸고 사는 높은 긴장감을 형성하고 살아왔다.

'네,네,네,네' 과장은 항상 어떤 주장에 대해 반대의견이나 이견을 말하지 않는다. 상황이 어떻게 바뀔지 모르기 때문에 자신의 의사를 명확히 밝히지 않는다. 어떤 일에든지 입장을 물으면 "저는 아무래도 상관없어요", "이래도 좋고 저래도 좋아요"라고 반응한다. 그는 어떤 갈등이나 대립 구도를 만들려고 하지 않고, 어떤 입장에 서서 토론하는 것을 싫어한다.

그는 모든 출발과 끝이 하나로 귀결된다. "내가 best여야 한다"는 목적이다. 그래서 다른 사람에 대한 배려나 자신을 희생하는 것이 필요한 인간관계는 유지하지 않는다. 그래서 이러한 "네,네,네,네" 스타일 사람들과 대화할 때는 상당한 주의가 필요하다. 그 사람 앞에서는 조직에 대한 불만을 언급하지 않도록 해야 한다. 내 의견은 더 크게 과장되어 상급자와 직원들에게 전파되기 때문이다. '네,네,네,네' 과장을 조심해야 하는 가장 큰 이유는, 상황 변화에 따라 수시로 자신의 입장을 그럴듯하게 계속 바꾸기 때문에 방향성을 상실하고 혼란스러운 스타일에 휘말리게 된다는 점이다. 그런 사람들과 대화를 하거나 회의, 토론할 때는 종이 등에 내용을 기록하면서 대화를 하는 것이 좋다. 필요에 따라 수시로 논점을 흩트리는 그에게 휘말리지 않고 내 패턴을 유지하기 위해서이다.

공적인 업무를 추진하거나, 애매한 사항에 대해 토론할 때는 반드시 공개된 장소에서 여러 명이 함께 대화하면서 공론화하는 것이 좋다. 그래야 이쪽과 저쪽의 이야기를 뒤섞어서 나를 곤란에 빠트리는 행위를 피할 수 있기 때문이다.

우리는 이런 불안정하고 혼란스러운 사람들의 심리적 특성을 잘 이해하고 내 호흡이 흐트러지지 않도록 노력해야 한다. 그런 사람들의 행동에 화를 낸다는 것은 이미 그에게 말려 들어가고 있다는 의미다. 그 사람에게 휘말려 들지 않도록 하기 위해 우리의 심리적 균형 상태를 유지하는 것이 필수적이다.

"네,네,네,네" 과장이 제일 싫어하고 힘들어하는 사람은 심리적 균형이 잡힌 사람이며 흔들리지 않고 자신의 일을 묵묵히 해나가는 사람이다.

복도를 지나가는데 옆 사무실에서 귀에 익은 대화가 들린다.

"네,네,네,네... 좋습니다. 저는 상관없어요"

04
마음의 균형

,

- 지금 나는 "마음의 균형"이 잡혀 있는 것일까?
- 균형 잡힌 마음이 어떤 상태인지 어떻게 점검해 볼 수 있을까?
- 마음의 균형은 우리에게 어떤 이점을 가져올 수 있을까?

우리는 일상생활에서 처리해야 할 것들이 참으로 많다. 아침에 눈을 뜨면 메시지·카톡·이메일 확인과 전화 등등 우리의 마음을 바쁘게 하는 요소들이 속속 다가온다. 등교나 출근한 이후에는 수업과 과제발표, 업무 등 더 신경을 곤두세워야 할 일들이 늘어난다. 이러한 일들이 우리 마음을 팽팽한 긴장상태로 이끌어 간다.

메시지, 전화, 카톡, 이메일(요즘은 스마트폰에서도 확인 가능함) 등을 조금이라도 늦게 확인하면 상대방이 '왜 대답이 없냐?'고 재촉하거나 몰아붙이기도 한다. 길을 걸으면서도 계속 문자를 보내고 카톡으로 대화를 나눈다. 통화로 간단히 끝낼 수 있어 보이는 데도 카톡으로 계속 주고받는다.

우리는 이러한 생활이 당연하고 어쩔 수 없다고 생각한다. 누구나 이러한 속박에서 벗어나고 싶다고 절규하듯이 이야기하지만, 모두가 그렇게 살고 있는 것이 현실이고, "먹고 살려면 어쩔 수 없다"라는 한마디에 꼼짝없이 받아들이게 된다.

문제는 이런 생활이 1년, 2년... 10년... 15년... 20년 이상 지속되다 보면 여러 가지 파생되는 문제점들이 나타난다는 점이다. 예를 들어 다음과 같은 증상들이다.

- 가만히 있어도 어수선한 마음

- 늘 떠 있는 느낌(안정감 없음)

- 차분하지 않은 느낌

- 피로가 누적된 느낌

- 날카로워진 느낌

- 가만히 있으면, '이래도 괜찮나' 하는 마음(쉬지를 못하는 상태)

위에서 언급된 내용들을 읽기만 해도 힘든 느낌이 전달되어 온다. 이러한 증상이 있다는 것은 내 스스로가 마음을 쥐어짜고 있다는 증거이다. 내 자신이 '한쪽으로 쏠리는 마음', '균형이 깨진 마음상태'에 있다는 의미다.

'균형 잡힌 마음'이 되면 차분하고 침착한 기분을 느끼는 상태가 된다. 바쁜 현실 속에서 할 일이 많다 하더라도 마음은 시달리지 않는 상태이다. 우리 주변에는 바쁘게 일하면서도 즐겁다고 말하거나 무난히 잘 지내는 사람들이 있다. 이들의 특징은 말 그대로 주어진 생활환경에 얽매이거나 시달리지 않고, 허덕거리지 않는다. 이들은 자기 주도적으로 일을 하고 주어진 상황을 컨트롤하는 심리적 근육을 가진 사람들이다.

이들의 가장 큰 특징은 어떤 일을 하면서 마음이 조마조마하지 않으며 한 가지 일이 끝나면 마음이 그곳에서 빨리 빠져나오는 것이다. 자신과 일을 '분리하기', '거리두기'가 되는 것이다. 일명 '쿨한 사람'이 여기에 해당한다. 그 일에 대해 곱씹으면서 에너지를 소모하지 않는 것이다.

균형 잡힌 마음은 '달리는 마음'과 '쉬는 마음'의 조화이다.

세상은 바쁘지 않다. 내 마음이 바쁜 것이다. 우리는 성장하면서 빨리빨리 반응하는 문화에 익숙해져 있다. 한국 사람들은 이러한 '빨리 문화'를 당연한 것으로 교육받았고, 체험하며 어른이 되었다. 우리는 열심히 일하는 것만 배웠지 잠깐씩 쉬는 방법, 마음의 여유를 갖는 방법 등에 대해서는 배운 적이 없다. 스키를 배우려면 넘어지는 법부터 배워야 하는데, 빨리 가는 방법만 배운다. 우리는 남보다 빨리 가기 위해 전력 질주를 하면서도 잠깐씩 쉬면서 충전하는 방법은 잘 모른다. 오히려 바쁠 때 한숨 돌리면 "여유 부린다"라고 핀잔을 듣기 일쑤이다.

너무 달리기만 하면 에너지가 '소진' 된다. 이점을 모르는 사람은 없다. 그런데 어디까지가 열심히 하는 것이고 어디서부터 소진되는 것인지 아는 사람이 별로 없는 것 같다. 일을 더 할지 멈춰야 할지 애매하게 느껴질 때는 짧은 시간이라도 하던 일을 멈추고 쉬는 스타일을 만드는 것이 필요하다. 또한, 언제든 쉼표를 찍는 것에 주저하거나 망설이는 마음을 품지 않는 것이 좋다.

언제든 쉼표를 찍고 마음의 공기를 순환시켜주어야 한다. 마음의 공기가 탁하면 일이 잘 안 풀린다. 하루종일 공부는 하는데 성적이 오르지 않거나 매일 열심히 일만

균형 잡힌 마음은 '달리는 마음'과
'쉬는 마음'의 조화이다.

하는데 능력이 부족하다는 이야기를 듣는다면 마음 상태를 살피는 것이 바람직하다. 예를 들어, 투입이 100인데 산출물이 50~60이라면 어디선가 틈이 생겨서 누수가 되고 있다는 증거이기 때문이다.

노력의 결과가 좋지 않으면 주변에서 좋은 피드백을 받기 힘들고, 본인 스스로도 능력 부족으로 자책하기 쉽다. 이런 현상을 방치하면 점차 심해지고 고착화될 수 있으므로 주의해야 한다. 마음 상태를 살펴보면 무엇인가 집중도를 떨어뜨리거나 힘 빠지게 만드는 요소들을 발견할 수 있다. 그 장애물을 찾아 제거해야 노력의 성과를 높일 수 있다.

수험생들은 공부하기도 바빠 마음을 살필 겨를이 없다고 이야기하는 경우가 많다. 그런데 이건 잘못 생각하는 것이다. 올림픽 국가대표들은 힘든 육체적 훈련을 하면서도 항상 휴식과 함께 심리상태 점검, 스포츠마사지, 상담 등을 주기적으로 실시하고 있다. 이는 육체훈련도 중요하지만 적당한 휴식과 잘 먹는 것, 심리상담, 긴장된 근육을 풀어주기 위한 스포츠마사지 등을 통해 최적의 심리상태 유지가 경기력 향상에 큰 영향을 미친다는 것을 잘 알기 때문이다. 수험생들도 공부도 중요하지만 시험을 위한 최적의 심리상태 유지를 위한 노력을 해야 한다. 그렇지 않으면 충분한 실력을 쌓았음에도 불구하고 시험을 앞두고 불안, 초조, 심리적 중압감, 불면 증상 등으로 시험을 망치는 일이 일어날 수 있다.

수험생, 직장인들은 모두 이 심리적 원리를 참고하여 마음 관리에 시간과 노력을 투자해야 한다. 공부나 업무에 투입하는 것과 마찬가지로 마음 관리에 쓰는 시간과 노력도 투자이며, 결코 낭비가 아니다. 1시간을 투자하면 며칠간 공부, 업무 집중상태가 달라질 수 있고, 공부와 업무의 효율성이 크게 높아질 수 있기 때문이다. 그러므로 수험생들이나 직장인들은 마음의 균형상태 유지 및

관리에 관심을 가지고 이를 적극적으로 활용함으로써 성
공적인 능력을 발휘하기를 바란다.

05
마음의 상처는 우리를 망설이게 한다

,

우리는 왜 망설이고 위축되는 생활을 반복하는 것일까?

우리는 성장과정에서 자신이 결정한 것에 대해 과도한 지적이나 야단, 망신 등을 겪게 되는데, 이러한 경험은 우리를 긴장시키고 위축시킨다. 사실 그 순간. 결정한 나도 속상한데 혼나고 창피까지 당한다면 마음을 추스르기가 쉽지 않다. 특히, 어린 시절에는 더욱 그러하다.

부모가 옷의 단추도 채워주고, 신발 끈도 매어주고, 옷색깔도 골라주는 등 모든 것을 대신해주면, 아이들은 어떤 행동도 스스로 하지 못하게 되고, 모두 부모에 의해 좌지우지된다.

"왜 그런 걸 입어. 오늘은 이거 입어야지. 애가 왜 이리 감각이 없어, 진짜"

아이가 학교에 가려고 옷을 입었는데 엄마로부터 이런 나쁜 피드백을 받으면 어떤 기분이 들까. 그것도 반복적으로 경험한다면, 그 아이는 자연스레 자신이 독자적으로 결정하지 않고 부모가 대신해주기를 바라면서 가만히 있게 된다. 자기 스스로 해봐야 야단만 맞을 뿐이라고 생각하기 때문이다. 부모와 상담을 하다 보면 "애가 알아서 하지 않고, 반응도 느리다"며 걱정을 하는 경우가 많은데, 대개 부모가 자녀들의 결정을 비난하며 대신해주는 경우가 많다. 즉, 그 주된 책임은 아이의 서투른 선택을 기다려주지 않고 대신해주는 부모에게 있다. 그러나 대개 부모들은 애가 문제라고만 할 뿐 전체 흐름을 이해하려고 하지 않는다.

아이들은 어릴 때 학대, 방치, 왕따나 부모의 다툼, 사고 경험이나 목격, 알코올 중독인 부모 등을 경험하게 되면, 이것은 아이들에게는 극심한 위협으로 인식된다. 아이들은 특히 반복적인 스트레스에 매우 취약하고 예민한 반응을 보인다. 어린아이들의 생활 범위는 가정, 학교, 학원 등이 전부이기 때문에 가정이 불안정하면 사방이 막혀있는 것으로 느껴질 수 있다.

성장기에는 뇌와 신체가 발달하고 있는 단계이기 때문에 반복적인 심리적 외상(트라우마)은 뇌 구조와 기능에 영향을 미친다. 또한, 발달 중인 면역체계 및 호르몬 시스템에도 부정적 영향을 미쳐, 건강을 위협하는 요소로 작용한다. 스트레스로 인해 일찍 배우는 술, 담배 역시 무시하기 어려운 것들이며 심장병, 폐 질환에도 영향을 준다.

대부분 사람들은 한 가지 정도의 심리적 외상(트라우마)을 지니고 살아가고 있다는 연구결과가 있다. 심리적 외상은 신체적 건강에도 나쁜 영향을 미치는 것으로 드러나고 있는데, 심리적 외상측정 점수가 높을수록 신체적 건강이 더 나쁘게 나타난 데서 알 수 있다.

반면, 심리적 외상을 잘 극복만 한다면 오히려 자신의 성장에 긍정적인 영향을 줄 수도 있다. 우리 주변에는 심리적 외상이 있지만, 오히려 이를 조심하고, 자신의 심리구조 변화를 통해 과거에 매달리지 않는 삶으로 변화시키는 데 성공한 사람들도 많다. 이들은 심리적 외상(트라우마)을 극복하는 노력을 통해 그만큼 더 성장한 것이다. 이러한 경우를 '외상 후 성장(PTG, Post Traumatic Growth)'이라고 한다.

쉬운 예를 들어 보면, 어느 날 A4용지에 손가락을 베이는 경험을 한 사람이 있다. 경험해본 사람은 알겠지만 마치 칼에 베인 것처럼 얇고 깊은 상처가 나며, 베이는 순간의 불쾌감은 표현하기 어렵고, 그런 느낌으로 강력하게 자리를 잡는다.

이 사람은 이후 A4용지를 만질 때 어떤 반응이 생길까. 멈칫하고 동작이 조심스러워진다. 여기까지는 오히려 생활 가운데 부상을 예방하는 좋은 주의력 정도로 해석할 수 있다. 하지만 그 정도를 넘어서면 계속 신경이 쓰이고, 상처가 회복된 이후에도 손가락이 욱신거리고, 종이만 마주하면 움찔거리거나 행동이 부자연스러울 수 있다.

이처럼 깜짝 놀란 경험, 트라우마는 평소 생활에서 나의 마음이 움찔하고 멈칫거리게 하는 역할을 한다. 사람이 남의 눈치를 과도하게 살피고, 어떤 결정을 할 때 상대방이 어떻게 생각(나쁘게 평가)할지 머뭇거리는 것은 마음속에 이와 연관된 부정적 경험이 자리 잡고 있는 경우가 많다. 즉, 자신이 상대방으로부터 나쁜 평가를 받지 않고, 비난받지 않도록 잘해야 한다는 강박적 사고를 키운 결과이

"어설퍼도 괜찮아. 처음부터 잘하는 사람이 어디 있어."
"잘했네."라며 격려해주어야 한다.

다. 그냥 자신의 실력에 따라 결정을 하고 그에 따른 결과를 받으면 될 텐데, 혹시 나타날 나쁜 결과로 인해 타인으로부터 '비난과 노려봄'이 있을지도 모른다는 심리적 장벽이 존재하는 것이다.

아이가 스스로 단추를 채우고 나니 "왜 이 모양이야!"라는 질책이 쏟아진다면 다음번에 단추를 채울 수 있겠는가. 당연히 망설이고 멈칫거리게 된다. 아이가 스스로 과감하게 선택과 결정을 할 수 있으려면 부모 등으로부터 선택에 따른 두려움을 갖지 않도록 해야 한다. "한번 해봐. 틀려도 괜찮아.", "어설퍼도 괜찮아. 처음부터 잘하는 사람이 어디 있어." "잘했네."라며 격려해주어야 한다.

06
모든 게 트라우마 때문일까?

,

우리는 다양한 심리문제에 관해 과거 어릴 때 겪었던 일로 인한 트라우마(마음의 상처)에 기인한다고 들었을 것이다. 그러다 보니, "결정장애, 대인관계, 학습 등이 모두 트라우마 때문인가?"라는 생각이 들 수 있다. 정답은 "트라우마 때문"이 아니라 "트라우마와 연관성을 살펴야 한다"로 바뀌어야 한다.

즉, 다음과 같은 표현으로 바꿔야 한다.

1) 나의 결정장애는 트라우마(마음의 상처)와 연관성이 있을까?

2) 나의 대인관계 어려움은 트라우마와 연관성이 있을까?

3) 나의 학습 어려움에 트라우마가 어떤 작용을 하는 것일까?

우리나라 사람들은 어떤 심리적 문제를 "우울증이다", "결정장애다" 등으로 병적 문제로 단정해버리는 것도 문제지만, 그 증상이 "어릴 때 상처(트라우마) 때문이야"라고 원인을 규정해버리는 것도 문제이다. 우리는 무엇을 결정해야 하는 순간 단순히 망설이는 것을 심각한 결정장애라고 규정하는 경우도 있고, 결정장애라고 하더라도 그것이 다양한 원인에 의해 일어날 수 있는데도 불구하고 트라우마 때문이라고 단정해버린다. 하지만 이렇게 쉽게 진단하고 단정 지어서는 안된다. 대인관계의 어려움도 그냥 주눅 드는 것이 싫어서 회피하는 것일 수도 있고, 과거의 상처가 떠올라서 나도 모르게 위축되어 회피하는 것일 수도 있다. 나의 학습의 어려움도 마찬가지다.

이야기의 결론은 명확하다. 우리 마음에서 나오는 현상들은 너무나 많은 변수들이 작용한 결과이며, 다양한 상황들이 우리 마음 혹은 기억에 각인되어 상호작용을 한 때문이다. 우리의 심리적 현상들은 어떤 상황들과 요소들이 서로 어떻게 작용해 나타난 것인지 정확히 규정하기 어렵다. 그저 추정할 뿐이다.

우리의 심리적 문제들은 한두 가지 요소들이 강력하게 연관되어 우리 마음을 지배하는 것이기도 하고, 여러 가지 문제들이 뒤엉켜 혼란스러운 신호를 보내는 것일 수도 있다. 그렇기 때문에 한두 가지 정보로만 판단하지 말아야 한다. 오히려 자신이 섣부르게 판단하고 거기에 말려들어 가는 스타일인지를 살피고 이를 개선하는 노력을 해야 한다.

- 결정장애가 있다. 없다.
- 트라우마가 있다. 없다.
- 우울증이다. 아니다.
- 중독이다. 아니다.

심한 수준, 중간 수준, 약한 수준 중 어디에 속하는지에 대한 판단도 보는 사람에 따라 달라질 수 있다. 이러한 판단을 하는 심리적 배경에는 각각 개인의 경험, 기준, 지식이 다르게 작용하기 때문이다.

매 순간 자신을 어떤 틀 안에 끼워놓고 인식하려 하지 말고 좀 더 자유로워져야 한다. 다만, 이런 과정에서 자신을 불편하게 만드는 것, 멈칫하게 만드는 것들이 무엇인지 인식하고, 이것이 자신의 과거 트라우마 즉, 마음의 상처와 어떤 연관성이 있는지 살피고 이를 개선하려는 노력을 기울여야 한다.

결국, 이 모든 것은 자신의 삶을 보다 더 자유롭게 만들고, 더 열심히 마음껏 살아보기위한 방안이며, 그래서 점점 성장하는 자신을 느끼고, 그 속에서 만족스러운 삶을 살기 위한 과정이기 때문이다.

우리 모두가 원하는 것은 좀 더 자유롭고, 좀 더 만족스럽고, 좀 더 보람을 느끼면서 즐겁게 인생을 사는 것이다.

트라우마가 모든 것의 원인이라는 것일까?

글을 읽다 보면 "결정장애, 대인관계, 학습 등이 모두 트라우마 때문인가?"라는 생각이 들 수 있다.

답은 **"트라우마 때문"**이 아니라 **"트라우마와 연관성을 살펴야 한다."**로 바뀌어야 한다.

즉, 다음과 같이 표현이 바뀌어야 한다.

1) 나의 결정장애는 트라우마(마음의 상처)와 연관성이 있을까?

2) 나의 대인관계 어려움은 트라우마(마음의 상처)와 연관성이 있을까?

3) 나의 학습 어려움에 트라우마(마음의 상처)가 어떤 작용을 하는 걸까?

발목을 삐끗하게 된 이후, 절뚝거리며 걷다 보면 허리와 등에도 통증이 생길 수 있다. 이는 몸의 균형이 깨져서 힘이 한쪽으로 쏠리기 때문이다.

마찬가지로 마음의 상처가 생기면 마음 기능에 균형이 깨지게 되고, 다른 문제로 전이가 생길 수 있는 이치와 같다고 볼 수 있다. 트라우마는 원인이 될 수도 있고, 그 자체로 문제가 될 수도 있다.

자신의 과거 트라우마

즉, 마음의 상처와

어떤 연관성이 있는지 살피고

,

힘든 일을 피하면 피할수록 더 불안하고
힘들어지기 때문이다.

Ⅱ

밋밋한
현실
받아들이기

01
쉽고, 편하게만 살고 싶어요!

,

"힘든 언덕길 말고 평지가 있지 않을까?"

어떤 대학생이 상담할 때 드러낸 심리이
다. 요즘 이러한 의식이 강한 젊은이들을 자주 마주치게
된다. 사람은 누구나 자신의 삶에서 평탄하고 쉽게 갈 수
있는 길이 있다면 그 길을 택할 것이다. 가능하면 힘든
생활은 안하고 싶고, 쉽게 많은 것을 얻을 수 있는 직업,
안전하게 오래 근무할 수 있는 직업을 찾고 싶어 한다.
학교생활, 취업 등 점점 어려운 일과 노력이 수반되는 상
황이 다가오면 누구나 힘든 상황을 피하고 싶어 한다. 특
히 상하관계가 존재하는 조직생활을 하고 싶은 사람은

많지 않을 것이다.

사람은 인생길에 평지만 계속 있을 수 없다는 것을 잘 알면서도, 당장 앞에 놓인 언덕길을 여러 가지 이유를 대면서 피하고 싶어 한다. 이러한 회피하고 싶은 마음이 커지면 커질수록 하는 일에 대한 관심도와 집중력, 동력이 떨어지고 성과도 좋지 않으며, 하기 싫은 일을 하다 보니 자칫 안전문제가 발생할 수도 있다. 자신에게 주어진 힘든 일을 하기 싫고 누군가 다른 사람이 자신의 일을 해결해 주기를 은근히 기대하게 되는데, 이러한 사람은 같이 근무하는 주변 동료나 친구들을 피곤하고 힘들게 할 수 있다.

요즘 부모들은 대부분 자녀를 1~2명밖에 키우지 않기 때문에 자녀들에게 온갖 정성을 쏟아붓는다. 부모들이 쏟는 이러한 정성은 아이들에게 큰 힘이 되지만 자칫 과도한 개입과 지원으로 자녀들의 '사회면역력'을 떨어뜨릴 위험성이 있다. 자녀들은 이러한 부모의 과잉보호에 익숙해 자신의 인생길에 항상 이러한 환경이 주어질 것이라고 오판하는 것이다. 그러나 자녀들은 성인이 되어 세상으로 들어가면 치열한 환경 속에서 불쑥불쑥 나타나는 장애물들을 스스로 정리하며 헤쳐나가야 한다. 그런데 지금까지 부모의 과보호로 인해 이런 일들을 경험해보지 않았기에 힘들고 귀찮고 부담스러워 회피하려는 심리가 강하게 된다.

요즘에는 개인주의를 중시하는 사회 분위기 등이 합쳐지면서 직장인들이 조직 분위기 탓, 상급자 탓, 동료 탓을 하면서 다니던 직장을 쉽게 그만두는 사례가 늘고 있다. 직장생활 중 상급자로부터 야단을 맞거나 동료와 갈등이 생기거나 업무 중 힘든 일을 당하면 이를 이겨내지 못하고 그만두고 다른 곳을 찾아 나서는 경우가 많다. "다른데 가면 여기보다는 낫겠지"라는 심정을 가지고 유토피아(?)를 찾아다니는 것이다. 그러나 다른 직장에서도 똑같은 일이 반복된다. 사람이 사는 곳이면 어디서나 똑같이 힘든 일이 발생하기 때문이다.

실제 부모 중에서는 자녀들이 직장생활이 힘들다고 하면 그 직장을 그만두게 하고 고시 공부나 대학원 공부를 지원해 주기도 하며, 유학으로 돌파구를 마련해 주기도 한다. 자녀들도 힘든 일을 하거나 어려움에 부닥치면 '어떻게 넘어설 수 있을까?'를 고민하기보다는 피할 수 있는 평탄한 길을 찾는 데 열중한다. 심리적인 회복탄력성(Resiliency)이 부족하기 때문이다.

힘든 일을 회피하는 유형의 사람들은 직장에 들어가서 힘들면 상급자 등 온갖 탓을 하면서 다른 곳을 찾아 이직하고, 그조차 힘들어지면 고시 등 시험공부를 하겠다고 나선다. 그 시험에 합격하지 못하면 또 다른 시험 준비를 한다고 방향을 바꾸는데, 이러는 사이 수년의 시간이 흘러간다. 이유야 항상 그럴싸하지만 결국 인생의 중요한 시기를 이런저런 이유로 허비하게 되는 것이다. 이것저 것 바꿔보며 방황하는 인생행로는 결국 스트레스 없는 직장생활, 간편하고 쉬운 공부, 자신에게 싫은 소리 하지 않는 대인관계를 꿈꾸기 때문에 생기는 결과물이다.

좋은 방법은 무엇일까.

사람은 현재 힘든 길에서 벗어나 편하고 쉬운 다른 길을 찾고 싶어 하는 경향이 있다. 하지만 쉽다고 생각해서 간 다른 길에서도 또 다른 어려움을 마주하게 된다. 그래서 우리는 쉬운 길을 찾아다니기보다는 지금 자기가 서 있는 곳 즉, 힘든 길에서 변화와 성장하는 쪽으로 선택해야 한다. 그러려면 우리는 우선 자기 자신이 언덕길을 피하려고 에너지를 소모하고 있다는 사실과 쉽게 갈 수 있는 길만 고집하고 있다는 문제점을 깨닫는 것이 중요하다. 우리가 편하게 평지만 가려고 하면 시간이 갈수록 마음에 행복감이 사라지고 불만족과 긴장감이 자리 잡게 된다. 왜냐하면 아무리 편해 보이는 길에도 반드시 언덕길과 어려운 코스가 우리 앞에 등장할 수 있음을 스스로도 알고 있기 때문이다.

이런 심리와 생각을 지닌 사람은 나약하다기보다는 자신의 성장 방향을 미처 알지 못하는 경우라 할 수 있다. 이들은 자신에게 적합한 삶의 방식, 대응 방식, 갈등 해결 방법 등을 배우지 않고 회피하며 살아온 사람들이다. 모든 일에는 적절한 대응 방식과 피할 수 없는 스트레스가 있음을 '인정' 하는 지혜가 필요하다.

쉬운 길만 찾으려는 사람은 내면의 힘과 깊은 마음(잠재의식)에 있는 도전에 대한 두려움, 회피해 온 마음을 정리해 주는 것이 중요하며 언덕길을 올라갈 수 있는 심리적 준비를 해주는 작업이 필요하다.

상담은 문제 있는 사람만 받는 게 아니다. 더 효과적으로 자신의 성장을 원하는 사람에게도 필요하다. 심리학의 전문성을 활용하라고 권하는 것이며, 삶의 지혜를 찾아보라는 뜻도 된다.

부모, 주변 사람들은 이런 사람에게 '통로'를 만들어주어야 한다. 언덕길도 묵묵히 올라갈 수 있도록 심리적 갈등을 줄이는 '심리상담' 기회를 주는 것이다. 다만 심리상담 참여 여부는 본인이 결정할 사항이다.

내가 진정으로 원하는 삶은 언덕길을 무난히 넘어가고 그 과정에서 만족감을 느끼며 사는 것이다. 인생에는 평지보다는 언덕길, 비포장도로, 급커브가 더 많이 존재한다. 그러므로 피해 가는 것이 능사가 아니라 앞에 닥친 언덕길을 잘 넘어갈 수 있는 성격으로 변화시켜야 한다. 힘든 일을 피하면 피할수록 더 불안하고 힘들어지기 때문이다.

우리 인간은 끊임없이 변화하고 성장해야 만족감을 느끼는 존재이다. 우리는 "어떻게 하면 더 못나게 보일까"를 고민하지 않는다. 오늘 하루 더 좋은 모습, 더 멋있는 모습을 보이고 싶어 하고, 그렇게 하기 위해 더 멋진 옷을

입거나 성적을 올리려 더 공부하고, 더 높은 자리에 오르기 위해 일을 열심히 하는 것이다.

이런 성장을 추구하지 못하고 위축된 삶을 살아왔다면 지금부터라도 목표를 가지고 성취하기 위해 힘든 일도 마주하는 삶을 살기를 바란다. 당장은 미흡하지만 그런 방향으로 나아가면 머지않아 마음에 안정감이 찾아올 것이다. 아주 작은 변화라도 끊임없이 시도하며 살아야 한다.

아무리 자신이 좋아하는 음식이라 해도 그것만 먹고 살 수 있을까? 그 자체로 스트레스가 되고 건강도 나빠질 것이다. 우리는 좋든 싫든 음식을 골고루 먹어야 건강한 삶을 살 수 있다. 마찬가지로 우리의 인생도 자기가 하고 싶은 일만 하고 살 수는 없다. 좋은 일, 하기 싫은 일 등 다양한 일을 고루고루 해야 보람 있는 삶을 살 수가 있다. 새가 정상적으로 날려면 왼쪽과 오른쪽 날개가 균형

있게 발달해야 하듯이 우리도 미흡한 부분을 보완하면서
균형 있게 성장하도록 노력해야 할 것이다.

02
밋밋한 현실을 받아들이고 사랑하기

'

　　　　　OO대학에 합격하면... 행정고시에 합격하면... 공무원시험에 합격하면...
의대에 합격하면... OOO 자격시험에 합격하면.... 대기업에 합격하면...

매년 대학입시, 공무원시험, 입사시험 등에 합격하기 위해 수험생들은 치열한 경쟁에서 이기기 위해 피나는 노력을 한다. 공무원과 직장인들도 승진을 위해 치열한 노력을 한다. 이들이 이러한 노력을 하는 것은 시험에 통과하거나 승진을 성취해서 '어떤 상태' 가 이루어지기를 바라기 때문이다. 합격과 승진이라는 목표를 이루면 지금보다 더 경제적, 사회적, 심리적으로 만족스럽고 행복하고 충족한 삶이 기다리고 있을 것이라는 기대를 갖고 힘든 노력을 하는 것이다.

우리는 "승진만 되면", "합격만 되면"이라는 방식에 너무 익숙해 있다. 승진이나 합격을 위해 모든 고통과 희생을 감내해야 한다는 의미가 강하다. 당사자들은 승진과 합격이라는 목표에 매몰되어 모든 자기의 삶을 희생하고 좌절하기 때문에 너무 힘이 든다. 어떤 공무원 교육생으로부터 "6번 낙방 후 합격했어요"라는 말을 들었을 때, 가슴이 먹먹해졌다. 얼마나 힘들었을까? 그는 아마도 "한 번 더 해보는 게 맞을까, 아니면 그만두고 다른 길 찾는 게 맞을까?" 참으로 판단하기 힘들었을 것이다.

그런데, 그토록 원하던 어려운 입사시험에 합격하면 어떤 삶이 기다리고 있을까?
수험생들은 공무원시험 등 입사시험 합격 통보를 받는 순간 기쁨과 즐거움이 가득해서 앞으로 자기 앞에 희망과 행복의 길이 열릴 것이라는 환상에 사로잡힌다. 그러나 막상 신입사원이 되기 위한 교육을 받는 순간부터 다시 경쟁과 시험을 맞이하게 된다. 직장에 출근하게 되면 담당업무, 민원처리, 대인관계, 야근 보고서작성 등 반복되는 일상이 시작된다.

시험만 통과하면 모든 게 잘 풀리고, 행복해질 것 같았지만 닥치는 현실은 다르다. 부여되는 업무량이 자신의 능력과 팀 역량에 비해 과중하기도 하고 그 업무를 추진할 때 짓누르는 무거운 책임감, 상급자의 지시에 순응해야 하는 어려움, 거듭되는 야근 등 직장생활의 실상은 결코 간단한 문제가 아니다.

어떤 고지에 올라서면 막연히 꿈꾸던 유토피아, 주변에서 칭송하던 삶이 보이지 않고 밋밋한 일상이 보이기 시작한다. 외견이 화려할수록 내부는 번잡하고 피곤하고 힘든 일이 많으며, 그것을 더 많이 감내해야 한다는 원리가 숨어있다.

그러므로, 고지에 올라서면 즐거움과 밋밋함 두 가지 모두를 균형 있게 받아들이고 적응하는 노력이 필요하다. 진급하여 원하던 자리에 올라가면 그다음, 그다음 새로운 부담이 다가오는 것이 현실이다. 만약 진급이 안 되면 부담감, 패배감, 걱정 등이 크게 다가오지만 진급한 이후에는 보다 많은 업무 부담과 책임, 이해관계, 부하 지휘통솔의 고민, 성과를 내야 하는 부담감 등 새로운 과제들이 만만치 않게 다가온다.

우리는 성장과정에서 대학시험, 입사시험 등 목표만 바라보면서 이를 위해 자신의 마음을 쥐어짜며 희생할 것을 강요당해왔다. '대학을 입학하면 환상적인 대학생활이 시작될 거야. 그때까지 참자" 등 목표달성의 꿈을 그리며 스스로도 채찍질해왔다. 그런데 막상 목표 달성을 하고, 얼마 되지 않아 그 환상이 꿈이고 현실은 그렇지 않다는 것을 깨닫는다. 직장생활도 마찬가지다. 목표를 달성한 후 자신에게 다가오는 현실은 결코 드라마틱하지 않다. 오히려 밋밋하고 반복되는 일상, 번잡한 인간관계, 눈치보기 등이 펼쳐진다. 사람들은 이러한 밋밋한 현실이 당연하다고 느끼며 살아간다. 이러한 삶에 대해 투덜거리면 "남들도 다 그렇게 살아간다, 투덜대지 말라"는 충고가 돌아온다.

산에는 정상이 존재하지만, 인생에는 정상이 없다. 우리가 설악산을 등반하면 대청봉이라는 산 정상이 눈에 보인다. 그러나 인생길에는 목표와 정상이 어디인지 구별되지 않는다. 어디가 정상이고 어디가 계속 가야 하는 길인지, 어디쯤에서 자리 잡아야 하는지 애매하다. 사람마다 추구하는 인생의 목표와 자리 잡을 정상이 다르다. 어떤 사람은 큰 목표를 가지고, 산기슭에 자리 잡고 일상을 즐기며 살아가는 사람들에 대해 "꿈이 너무 작다"며 타

박하곤 한다. 그러나 인생길은 각자 정상이 다르며, 모두가 큰 꿈을 가지고 올라가야 하는 것은 아니다. 자기에게 맞는 목표와 정상을 생각하고 살아가는 것이 현명하다.

우리는 각자 자신에게 적합한 위치를 찾으려 노력하되, 언제든 산 중턱, 산기슭으로 내려와 정원을 꾸미고 나만의 작품을 만들며 차분한 삶을 살 수 있는 공간을 만들어 놓아야 한다.

그러므로, 우리는 목표지향적 열정도 중요하지만 '겸손' '균형' '차분함'을 자신의 강점으로 키우는 것도 필요하다.

이렇듯, 인생에는 정상도 없고, 기슭도 존재하지 않는다. 인생의 목표니, 정상이니 하는 개념은 우리가 마음에서 만들어 놓은 개념일 뿐이다. 넓은 땅에 집 한 채, 기계로 농업을 하며 평생을 보내는 선진국 사람들의 밋밋해 보

이는 삶을 영화 속에서 보았을 것이다. 우리의 가치관으로 볼 때는 답답해 보이지만 삶의 질, 만족도는 그들이 더 높다. 생활 중심에 '나'가 존재하기 때문이다.

지금 나는 어떤 삶을 꿈꾸고 있나? 남과 비교하지 말고 나만의 기준과 색깔을 가지고 살아가는 것이 좋다. 드라마틱한 삶보다 밋밋하지만, 나만의 삶을 사는 것이 더 좋다. 이러한 나만의 삶을 추구하고 있다면, 나는 분명히 잘하고 있는 것이다. 남들이 더 잘하는 것 같지만 지나놓고 보면 내 색깔을 분명히 가지고 있는 내가 더 잘 살아온 인생이 될 것이다. 그러므로 내 인생에서 밋밋하고 번잡한 일이 나에게 있다는 것은 오히려 '감사한 일'이다. 밋밋한 일상에 대한 '감사'가 내 삶을 성장시키고 미래의 내 삶에 좋은 영향을 미칠 것이다.

저자는 매일 출근할 때 교육원 벽에 새겨진 '국가공무원 인재개발원' 문구에 '감사의 절'을 하고 입구를 들어선

다. 퇴근할 때도 마음속으로 '감사의 절'을 잊지 않고 반
복한다. 개인연구실에는 사랑과 고마움의 마음이 가득
담긴 다음과 같은 메시지를 항상 남긴다.

"좋은 공간과 연구 기회를 주셔서 정말 감사합니다. 고맙
습니다"

03
뭔가에 저항하면 그것은
사라지지 않고 버틴다

,

우리는 나에게 상처를 주는 사람, 나와 갈등하는 사람, 미운 짓을 골라서 하는 사람 등 내 마음에 들지 않는 사람과 만나기 싫어하고 생각하는 것조차 싫어하기도 한다. 더욱이 그 사람의 이야기가 나오면 분노감이 올라와 거품 물고 험담을 쏟아내는 것이다. 그러다 보니 우리는 꽤 많은 시간과 정열을 '싫어하는 사람'을 떠올리며 분노하는 데 허비하고 있다는 사실을 알게 된다. 그러니까 우리는 생각하기도 싫어하는 사람을 생각하며 분노하며 살아가는 것이다. 이렇게 싫어하는 사람을 생각하고 비난하고 나면 기분도 동시에 상하게 된다. 결론은 "역시 00와 나는 안 맞아!" "재수 없어!"라는 것을 다시 한번 확인하게 된다. 문제는 내가 싫어하는 사람을 생각하고 분노하면서 내 기분을 스스로 망치는 일을 거듭한다는 점이다.

우리는 살면서 때로는 걱정거리 등으로 인해 부정적 감정이 올라와 고통받기도 한다. 말하자면, 과거에 힘들었던 상황, 상처, 사람 등으로 인해 생기는 불안, 우울, 걱정 등 부정적 감정이 일어나 자신을 괴롭히기도 한다. 그래서 우리는 대부분 그런 힘든 상황과 마주치지 않기 위해 여러 가지 방법을 동원한다. 즉 외면하기, 다른 생각하기, 술 마시기, 운동하기, 영화 보기 등을 통해 기분을 환기시키려 노력하는데, 그 덕분에 마음이 어느 정도 정리되어 편안한 잠을 자기도 한다.

반면, 그러한 기분전환 노력에도 불구하고 마음 정리에 실패하기도 한다. 잠을 자려고 누웠으나 마음이 정리되지 않아 한쪽에 묵혀두었던 생각, 감정들이 갑자기 올라오기도 한다. 결국 감정이 요동쳐서 밤잠을 설치거나 스마트폰을 새벽까지 만지기도 한다.

우리는 일반적으로 다음과 같은 방식을 통해 힘든 문제를 마주치지 않으려 한다.

1. 나에게 상처 준 사람을 떠오르지 않게 하는 노력(머리 흔들기 등)
2. 힘든 상황을 떠오르지 않게 하려는 노력
3. 힘든 일을 연관 시킬 수 있는 자극, 환경, 장소를 피하려는 노력
4. 절대 힘든 일을 다시 겪지 않으려는 몸부림
5. 다른 생각, 다른 사람과 만나면서 덮어버리려는 노력 등

만약 이러한 방법이 효과가 있다면 계속 사용할 것이다. '그때 뿐' 이라면 고통스러운 시간이 반복될 것이다. 책이나 주변에서 조언한 대로 노력해도 별 효과가 없다면 '노력해도 안 되는구나' 라는 관념이 생기고, 더 힘들어질 수 있다.

어떻게 하는 것이 좋을까?

'뭔가에 저항하면 그것은 사라지지 않고 버틴다'

이말 그대로이다. 어떤 감정과 생각을 떠오르지 않게 하려고 노력하면 할수록, 혹은 어떤 감정과 생각을 떠올리려 노력하면 할수록 그 생각과 감정은 더 강력하게 버티고 모습을 드러낸다. 나중에는 이 자체가 공포스럽게 느껴질 수도 있다.

내 마음에 어떤 생각, 감정이 반복적으로 올라온다면 그것은 이미 내 마음속에 자리 잡고 있다고 봐야 한다. 즉, 나의 마음속 깊은 한쪽에 강력하게 자리 잡은 것이다. 이런 존재를 부정하고 다른 생각을 하거나 여러 사람을 만나면서 활기찬 기분을 가져본다고 해소될 성질이 아니다. 이러한 노력은 다른 부분을 건드려서 문제 있는 부분을 감추고 회피하려는 노력에 불과하다.

우선은 마음에 들지 않는 사람, 사건에 대해 자주 되뇌고 주변과 대화하는 것을 줄여야 한다. 싫은 상황에 대해 이야기 한다는 것은 그 감정이 내 마음에 자리 잡도록 하는 역효과를 나타내기 때문이다. 우리는 이런 대화를 하면 할수록 기분이 나빠짐을 경험했을 것이다. 그러므로 우리는 의식적으로라도 투덜거림, 뒷담화 등을 줄이는 노력은 해야 한다. 즉, 내가 싫어하는 사람의 영향력에서 벗어나기를 권하는 것이다. 그 사람이 없는데도 그에 대한 나쁜 이야기를 계속하는 것은 내 스스로가 그에게 휘말려 있음을 의미한다. 그러므로 우리는 스스로 싫어하는 사람에 대한 말을 하지 않음으로써 스스로 부정적 정서로 걸어 들어가지 않도록 해야 한다. 이렇게 되면 스스로 그로부터 자유로워짐을 경험할 수 있을 것이다.

두 번째는 내 마음 안에 떠올리기 싫은 감정과 생각이 밀고 올라오는 현재의 내 마음상태를 인정해야 한다. 즉 "나에게 이런 억눌림이 있구나"라고 인식해야 한다. 그리고 내 속에서 밀고 올라오는 감정과 뭉친 감정이 오래된 것이라면 전문가와 상담을 통해서라도 풀어내는 노력이 필요하다. 혼자서 풀기는 어렵고 효과가 없기 때문이다. 뭉친 감정은 심신에 나쁜 영향을 미치고 삶의 질을 떨어뜨리기 때문에 반드시 풀어내야 한다.

특히 우리 마음에서 일어나는 억울함, 열 받음, 분노의 감정은 우리의 마음을 쉽게 점령한다. 이러한 부정적 감정들이 잡아당기는 힘은 매우 강력하기 때문에 쉽게 벗어나기 어렵고, 시간이 지날수록 더 어려워진다. 그러나 이러한 감정으로 인해 나의 마음과 몸의 건강, 그리고 내 삶 자체가 2차, 3차 치명상을 입을 수 있음을 자각하고 '해결을 전제로 한 노력'을 권하는 것이다. 상대방을 이해하고 용서하라는 고차원적인 이야기가 아니다.

나를 힘들게 하는 상황에서 '벗어나라'고 권한다. 우선 상대방을 떠올렸을 때 생기는 부정적 감정의 강도가 100점 정도라면 이를 50점으로 떨어지도록 하는 것을 기본

방향으로 설정하자. 이건 선택의 문제가 아니라 내 건강
을 위해 필수적인 요건이라고 생각해야 한다. 나를 위해
어쩔 수 없는 일이라고....

폭식의 이유

,

우리는 "스트레스받으면 계속 먹는다"라는 말을 자주 듣는다. 기분이 안 좋거나 힘들 때 무엇인가를 계속 먹게 된다는 의미이다. 학생들이 시험공부를 할 때, 대학생들이 레포트를 작성하거나 직장인들이 보고서를 작성할 때 배고파서가 아니라 그냥 무언가를 입에 넣고 먹는 경험을 하게 된다. 이처럼 배 속이 허전해서가 아니라 감정적 순환, 기분이 안 좋음을 해소하기 위한 식욕을 '감정식욕'이라고 부르기도 한다.

어떤 사람은 스트레스를 받으면 마구 먹고 바로 잠을 자곤 한다. 그는 한참 자고 일어나더니 기분이 좀 풀렸다면서 또다시 거하게 저녁식사를 한다. 이처럼 스트레스를 받거나, 감정이 상하면 폭식을 함으로써 감정을 해소하려는 사람도 있다. 이런 사람들에게 폭식하는 이유를 물으면 '배 속이 든든해지면 기분이 좀 나아진다'고 말한다.

'감정식욕'이라는 용어가 있다. 좀 생소하기는 하지만 그것이 무슨 의미인지 금방 알 수 있다. 누구나 스트레스를 받거나 기분이 우울해지면 달거나 짠 음식을 찾게 되는 경험을 해본 적이 있을 것이다. 실제 스트레스를 받으면 칼로리가 높고, 짠 음식 등의 '위안을 주는 음식'을 찾는 사람들이 있다. 시험공부 할 때나 사무실에서 야근을 할 때 과자봉지를 옆에 두고 자신도 모르게 과자를 계속 입으로 가져가는 경우가 적지 않다. 배고파서 먹기보다는 '허전하다'는 느낌 때문이다. 즉, 심리적으로 허함을 느끼고 있다는 의미이다.

현대인들은 스트레스가 면역체계, 체내 염증 수치 등 육체적 건강은 물론 생각, 행동 등 많은 부분에 부정적 영향을 끼친다는 사실을 잘 알고 있다. 예를 들어 우울한 상태에서 식사를 한 후 체하거나 감기몸살, 두통 등을 앓는 경우가 많은데, 스트레스로 면역력이 떨어진 탓이다.

기분이 좋지 않을 때는 음식을 거의 먹지 않는 사람들도 있고, 반대로 스트레스가 쌓이면 폭식, 과음, 고열량 섭취 등으로 대처하는 사람들도 있다. 일시적으로 심한 스트레스를 받으면 먹고 싶은 생각이 없어지는 등 식욕 전체를 떨어뜨리지만, 반면에 지속적인 스트레스를 받으면 코르티솔(cortisol)을 분비하여 달거나 짠 음식을 찾아 폭식으로 이어질 수 있다.

지속적 스트레스를 받으면 특히 탄수화물 섭취 증가로 나타날 수 있는데, 그 이유는 탄수화물의 섭취량을 늘리면 세로토닌(serotonin)이 증가, 기분이 호전되는 효과가 있기 때문이다. 이로 인한 기분의 호전은 다시 불필요하고 과다한 탄수화물 섭취를 가져오는 등 악순환을 낳기도 한다. 그러나 일반적으로 기분이 좋거나 긍정적인 상태일 때는 세로토닌이 증가하기 때문에 면역력 향상, 체중감소, 적절한 식욕, 감정조절 등이 원활해진다고 알려져 있다.

＊세로토닌은 위장판, 혈소판, 중추신경계 등에 주로 존재하며, 신경전달물질로서 행복감정을 느끼게 해주는 역할을 한다.

행복감정을 일으키는 세로토닌의 활성이 감소하면 강박적인 음식 섭취, 과식 등으로 이어진다는 연구결과도 많이 있다. 주변에 다이어트를 시도하다가 스트레스를 야기하여 오히려 폭식을 가져오는 경우가 있을 것이다. 다시 말하면 다이어트하려고 굶거나 양을 줄일 경우, 짜증이나 화가 증가하고, "스트레스받는다"라고 표현을 하는 사람들이 있다. 이런 경향을 가진 사람은 다이어트에 실패할 뿐만 아니라 오히려 폭식으로 역효과를 낼 수 있다. 그러므로 이들이 "다시 다이어트에 도전하겠다"라고 선언하면, 주변 사람들이 "자신을 너무 괴롭히지 말고 그냥 살아라"라며 편하게 살기를 권하기도 한다. "주변 사람도 그만 괴롭히고"라는 말과 함께..

우리는 이런 '스트레스-식욕' 패턴을 이해하고 마음이 편하지 않을 때 자꾸만 먹는 모습이 발견되면 '감정이 좋지 않을 때 생기는 식욕'임을 깨닫고 먹지 않거나 주의하는 습관을 만들어야 한다. 즉, 나에게 미처 모르고 지낸 잠재스트레스가 존재하는지도 점검해 봐야 하고, 현재 스트레스를 받는 상황에 대한 조절을 통해서도 폭식, 과식, 고열량 섭취로 이어지지 않도록 주의해야 한다.

일반적으로 운동, 명상, 심리상담 등을 통한 감정조절 노력보다는 '먹는 것'이 더 쉽고 간편하기 때문에 그 유혹을 뿌리치기 어려울 수 있다. '고열량섭취 → 기분호전

→ 다시 과식'의 패턴이 만들어질 수 있으므로, 과감히 악순환 고리를 끊어내야 한다.

자녀들이 고열량 음식을 끊지 못하고 계속 먹는 경우, 식습관 문제일 수도 있지만, 미처 말하지 못하는 스트레스가 과식의 형태로 나타날 수 있다는 점도 살펴볼 필요가 있다. 부모가 심리공부를 해야 하는 이유는 스스로를 보호하는 기능과 함께 자녀를 살피는 능력도 가질 수 있기 때문이다.

'감정식욕'은 심리적 허함이다. 그러므로 지금부터 이러한 '감정식욕' 습관이 생기지 않도록 주의해야 하며, '조절'과 '절제'에서 오는 쾌감과 만족감을 느껴보는 노력을 권한다. 폭식해서 감정을 해소하려 하면 안 된다. '감정식욕'에 의한 폭식은 감정이 해소가 되는 것이 아니라 음식에 감정이 짓눌리는 것일 수 있다. 마치 열 받아서 술을 과하게 마시면 아무것도 해소되지 못하는 것과 마찬가지 이치이다.

평소에 기분이 좋거나, 우울감이 적고, 긍정적인 메시지를 스스로에게 보내는 사람들은 감정조절이 잘 되고, 건강상태 역시 좋음을 유지한다.

＊이 글을 쓰면서 옆을 보니 어제 먹다 남은 옥수수 식빵에 커피를 찍어 먹는 나를 발견한다.

"여기까지만 먹고 그만 먹어야지" ^^

05
열심히 하는 것 vs 무리하는 것의 차이

,

우리는 매일 열심히 근무하고 일을 한다. 여유를 가지고 일을 하려 해도 업무량과 조직 분위기상 쉽지 않은 것이 현실이다. 특히 '여유 있는 직장생활'이라는 표현은 조직 존재 목적이 열심히 일해서 이익을 창출하는 일반기업체이거나 국민에게 봉사해야 하는 소방, 경찰 등 공무원들의 경우, 어울리지 않는 표현이다.

어느 수준이 열심히 일하는 것이고, 어느 수준을 넘어서면 무리하는 것인지 판단하기는 참으로 애매하다. 좀 무리한 듯했는데 결과가 잘된 경우도 있고, 너무 무리하면 안 된다는 생각에 중단했는데 간발의 차이로 실패한 경우도 있다. 조금만 더 했더라면 일이 잘되었을 것이라는 것을 나중에 알게 되기도 한다. 세상일에는 열심히 했는데 잘 안 되는 경우도 있고, 대충했는데 결과가 잘된 경우도 있는 게 사실이다.

현실 속에서, 우리는 "너무 무리하지 말고, 열심히 해"라는 말을 별생각 없이 주고받기도 한다. 이 표현은 다음과 같이 해석해 볼 수 있다.

- "열심히 하되 무리는 하지 마라"는 의미이기도 하고,
- "무리하지 않는 수준에서 최선을 다해 열심히 해라"
- "아무튼 열심히 해서 일 마무리를 최대한 빨리 해라"

각자 체력과 심리적 상태에 따라 "열심히 한다", "무리한다"는 표현이 다르게 적용될 수 있다. 그러나 '열심히'는 즐거움, 보람, 성취감, 목표를 떠올리며 차분해지는 마음을 전제로 한 표현이다. '무리하는 것'은 집착, 긴장, 불

안, 초조, 조급함, 걱정을 포함하는 것이다.

얼마 전 방영된 'SKY캐슬' 드라마를 보면 주인공들이 좋은 조건에 살면서도 더 나은 것을 좇으며 갈등과 대립, 집착, 공격하는 모습을 보이는데, 매우 위태로워 보이기까지 한다. 그러나 당사자들은 자신들의 그러한 행동이 무리하는 것이라고 생각하지 않는다. 그저 높은 목표를 이루기 위해 당연히 해야 하는 노력과 과정 정도로 여기고 있는 모습이다.

일반인들이 보기에는 저 정도 갖췄으면 그냥 잘 살 수 있겠다 싶지만 "그 정도는 이루어져야 행복하다"는 관념에 사로잡히면 모든 걸 올인하게 된다. 할머니가 "3대째 의사 집안 만들어야 한다"는 말을 평생동안 입에 달고 산 덕분(?)에, 왜 의사를 해야 하는지 이유도 없이, 정작 자신이 좋아하는 게 무엇인지 찾아볼 생각도 없이, 의사가 되기 위해 미친 듯이 달려가는 모습을 보여주고 있다.

우리는 자기 자신이 어떤 삶을 살고 있는지 돌아볼 필요가 있다. 우리는 자신도 열심히 살아가고 있고, 자녀들도 매일 학원에서 밤늦게 돌아오는 것에 대해 스스로 "열심히 하기 위해서 어쩔 수 없다"라고 말하곤 한다. 이 정도 고생은 누구나 하고 있는 현실을 생각해 본다면 무리라고 말하기 어려운 부분도 있다. 그러나 이러한 "열심히 하고 있다"는 평가는 사회를 기준으로 한 것이지 각자의 입장, 상태를 기준으로 한 평가가 아니다. 우리 사회는 '모두가 주변과 비교했을 때 어느 정도 하고 있는지 비교하는 이야기들' 만 넘쳐나고 있다. 당사자는 어떨까? 스스로 지치고 허덕거리는 느낌으로 가득 차 있는 것은 아닌지 살펴보는 기회가 있어야 한다.

사람마다 성향이 다르다. 어떤 아이들은 밤늦게까지 열심히 공부하는 것이 별다른 문제가 안 되고, 더 좋은 학교에 가고, 더 나은 직장을 얻거나 더 많은 부를 성취하는 삶을 영위할 수 있다. 반면에 어떤 아이들은 학교에 다니면서 학업 스트레스로 배앓이, 두통, 장염 등을 달고 살아 공부에 지장을 초래하기도 한다. 이런 아이에게 "왜 다른 아이들처럼 무난히 못 하냐"고 탓하면 안 된다. 그런 현상은 그 아이가 무리하고 있음을 "몸으로 나타내는 것"이기 때문이다. 이런 증상이 나타나면 반드시 속도 조절, 강약조절을 해야 할 필요가 있으며, 심할 경우 빨리 전문가와 몇 차례 상담하기를 권한다.

생각에는 아무 이상이 없는 것 같은데, "몸이 아니라고 증상을 보이며 아플 때", "내 마음이 마음대로 안 움직여질 때(마음조절이 안 될 때)" 그 메시지에 귀 기울여야 한다.

"너 지금 무리하고 있는 거야, 조절해야 돼…. 확인해봐."

06
평가하고 판단하는 마음은
우리를 괴롭게 만든다

,

우리는 매 순간 평가와 판단을 하며 살아
간다. 상급자나 동료가 한 말이나 행동에 대해 호의적인
평가나 판단을 하기도 하고, 못마땅한 평가나 판단을 하
면서 불만을 표출하기도 한다. 우리는 자녀들이 마음에
들지 않는 말이나 행동을 하면 화가 난다. 우리는 무엇
때문에 화라는 부정적 감정이 생기는 걸까?

화가 나는 이유는 상대방이 내가 정해놓은 기준, 가치관
에 맞지 않게 언행을 하면, "잘못하고 있다"라고 생각하고
판단한 데서 출발한다. 이러한 부정적 판단을 하게 되면
찰나의 순간에 '화'라는 부정적 감정으로 이어지게 된다.

매일 만나는 동료, 상급자, 가족은 접촉빈도가 높기 때문에 상대방에 대한 반응도 '빛의 속도'로 순식간에 나타난다. 우리는 자신과 갈등 관계에 있는 사람이 불만스러운 언행을 할 경우, 머릿속에 빠른 속도로 부정적 감정이 일어나고, 그의 언행을 곱씹는 작업을 통해 더 큰 고통 속으로 빠져들게 된다.

우리는 '화'라는 부정적 감정이 일어나면 자기 마음이 더 큰 고통을 받는다. 자기 마음을 괴롭히는 고통에서 벗어나려면 자기 마음속에서 일어나는 상대방을 '평가하고 판단하는 마음'을 줄이는 노력을 해야 한다. 우리는 인식하지 않아도 숨 쉬는 것을 멈추지 않는 것처럼 모든 생각, 사물, 사람을 보면서 쉼 없이 평가하고 판단하는 기제가 작동함을 인지해야 한다. 우리가 다른 인물, 사물 등에 대해 평가하고 판단하는 마음을 줄이면 어떤 이점이 있으며, 왜 줄여야 하는 걸까?

첫째, 남을 평가하고 판단하는 마음근육이 발달하면, 기본적으로·우리의 마음 균형이 깨지게 된다. 매 순간 남과 편 가르기를 하고 있다고 보면 된다. 일종의 선입견이 계속 작동하기 때문에 사물, 사람을 있는 그대로 살펴보기 어렵게 된다.

이 기능이 발달하면 리더, 관리자는 부하직원에 대해 자신의 좁은 마음 범위 안에서 관찰하게 되고 자신의 마음 사이즈로 평가를 하게 된다. 부하직원들도 역시 자신들의 마음 사이즈 만큼으로 상급자를 평가하고, 마음의 문을 닫게 된다. 관리자들과 부하직원들이 객관성을 잃고 서로를 평가, 판단하는 구덩이에 함몰되는 것이다. 답이 나오지 않는 소모적인 행태가 반복되는 것을 피할 수 없다.

둘째, 평가와 판단은 우리 마음에 부정적 정서를 가득 차게 한다. 오늘 하루를 분노와 불편한 심기로 뒤엉킨 채 보내고 싶은 사람은 없을 것이다. 그러나 우리가 타인이

사건 등에 대한 부정적 평가와 판단을
거듭하다 보면, 내 마음속에 부정적 정서 즉 분노, 비난, 짜증,
책임전가, 불편한 마음 등이 뒤덮게 된다.

나 사물, 사건 등에 대한 부정적 평가와 판단을 거듭하다 보면, 내 마음속에 부정적 정서 즉 분노, 비난, 짜증, 책임전가, 불편한 마음 등이 뒤덮게 된다. 또한 내 마음에 존재하는 좋은 기능 즉 창의성, 여유, 즐거움, 차분함 등이 사라지게 된다.

다시 말하면, 내 마음속에 일고 있는 부정적 평가와 판단은 결국 내가 나를 해치는 결과로 이어질 수 있다. 직장에서 동료나 상사에 대해 부정적 평가와 미움의 감정을 가지면 업무 집중력이 떨어지고 정신적인 고통을 줄 뿐 아니라 퇴근 후에도 상대방에 대한 비난을 멈추기 어렵다. 이로 인해 마음의 고통이 계속되고 자기 개인 시간까지 침범당하게 된다. 퇴근 후에도 계속되는 분노로 인한 불안정한 마음은 자칫 가족, 지인과의 마찰로 인화될 수도 있다. 결국 타인에 대한 부정적 평가와 판단은 내 마음을 상하게 할 뿐만 아니라 불편한 심기를 주변 사람들에게까지 확산시키는 결과를 낳기도 한다.

평가하고 판단하는 마음을 줄이면 어떤 좋은 일들이 벌어질까?

첫째, 내 마음이 가벼워진다. 24시간 경계근무를 서던 내 마음에 긴장감이 풀리고, 여유로움을 체험할 수 있다. 상대방을 못마땅하게 노려보던 마음이 사라지고, 그럴 필요가 없음을 깨닫게 됨으로써 한결 시간에 여유가 생긴다. 소모적인 부분이 줄어드는 것이다. 여기서 중요한 표현은 '그럴 필요가 없다' 는 것이다. 남을 평가하고 판단하는 마음을 줄여야 한다. 정말 그럴 필요가 없고, 그럴 가치도 없다.

둘째, 내 머릿속을 떠나지 않던 못마땅한 순간의 상황과 상대방을 놓아줄 수 있다. 미움의 상대방이 떠난 그 공간에 현재 하는 일에 집중하는 에너지와 사랑하는 사람과 주고받는 좋은 것들이 들어올 수 있게 된다. 이렇게 되면 진정 내가 원하는 것들과 마주하게 될 수 있다. 소모적인 곱씹음이 줄어들고 내 것을 챙기게 되는 것이다.

셋째, 모든 것을 저울 위에 올려놓고 평가, 판단하던 습관이 줄어들면 의식이 성장하고 일 처리에 집중할 수 있다. 상대방과 상황에 대해 객관적인 시각을 갖고 올바른 판단이 가능하게 된다. 이로써 좀 더 균형을 갖춘 리더가 될 수 있다. 부모라면 아이들에게 감정에 휘말리지 않고, 균형된 양육이 가능해질 수 있다.

이 글을 읽는 동안에도 평가와 판단은 멈추기 어려울 수 있다. 이 글에 대해 '맞다, 틀리다' 등의 생각과 마주할 수 있다. 모든 건 본인의 선택에 달려있다. 소모적인 상황으로 빠져들 수도 있고, 안간힘을 써서 여유와 균형을 체험하며 살 수도 있다.

부디 여유와 균형을 선택하도록 권하고 싶다. 잘 안되더라도 항상 최종 선택은 '균형' 이기를 바란다. 좋은 이야

기로서의 의미가 아니라 우리가 진정 원하는 것은 '여유
와 균형' 상태이기 때문이다. 지금 화가 나 있고 날카로
워져 있다면 더욱 이러한 각성과 인식이 필요할 것이다.

"내가 진정 원하는 마음상태는 무엇인가?"

이 질문에 대한 대답을 하고 그것을 추구하면 된다. 어떤
선택이든 본인에게 그 결과가 다가온다. 진정 내가 원하
는 것을 끝까지 추구해 보자.

07
진짜 내가 바라는 것은 무엇일까?

,

우리는 일상생활 가운데서 불편한 것, 우울한 것, 불안한 것, 화가 나는 것 등 불만스러운 것을 수시로 이야기하는 데 익숙하다. 자신이 생각하는 불만스러운 상황이나 모습에 대해서는 이렇게 자주 이야기하면서도, 정작 자신이 진정으로 원하는 삶의 형태나 모습에 대해서는 잘 이야기 하지 않는다. 자신이 원하는 삶의 모습, 대인관계, 성장한 모습 등 바람직한 삶의 모형을 만들거나 표현하는 데 익숙하지 못하다. 이는 그런 자신의 삶의 모형을 잘 생각하지 않기 때문이기도 하고, 아예 그것이 불가능하다고 느끼거나 막연하게 느껴져서 일수도 있다.

상담을 하다 보면 다음과 같이 말하는 사람들을 자주 만난다.

"발표할 때 불안해서 싫어요"

"OOO 상급자는 이러 이러해서 싫다, 재수 없다"

"가만있을 때 우울하고, 무거운 감정이 느껴져서 힘들다"

"사람들이 내 험담을 해서 화가 나고, 불안해요"

"사는 게 별로 재미가 없고, 답답합니다"

여기서 등장하는 표현들을 잘 살펴보면 대체로 부정적이다. 즉 싫고, 불편하고, 불안하고, 우울하고, 화가 나고, 답답하다는 식이다. 그러니까 경험하기 싫은 표현들로 가득하다. 더 큰 문제는 이러한 표현에 등장하는 상황이나 대상에 대한 묘사가 구체적일뿐더러 감정도 강하게 표출하고 있다는 점이다.

대상자가 자신이 처한 상황을 구체적으로 묘사하고, 그

상황마다 느꼈던 감정을 세부적으로 드러내는 태도는 많은 에너지를 소모하게 한다. 자신이 그 불쾌했던 상황을 재구성하면서 그 당시 느꼈던 부정적 감정을 긴 시간 동안 반복적으로 되뇌는 경험을 하는 것이다.

그는 친구에게 이런 기분 좋지 않은 경험을 이야기하면서 부정적 감정이 다시 올라오게 되고, 그 이야기가 끝난 후에도 흥분되고 불쾌한 마음이 이어져 잠을 이루지 못할 수 있다. 상황에 말려 들어간다는 말이 이러한 경우를 의미한다.

우리는 자신의 부정적 상태를 이야기하는 것보다 긍정적인 자신의 삶의 모형을 이야기하는 것이 좋다. 그렇다면 내가 원하는 일, 상황, 대인관계에 대해 구체적으로 이야기하는 것은 가능할까? 사람들은 의외로 자신이 원하는 바를 이야기 하는 것에 대해 낯설어하는 경우가 많다. 부정적 상황에 대한 구체적 불편함은 잘 표현하는 데 비해 자신이 원하는 것이 정작 무엇인지 제대로 잘 알지 못하는 경우도 많다.

우리는 긍정적인 상황과 자신이 원하는 방향과 목표를 생각하고 꿈꾸고 노력하는 방식의 '근육'을 발달시켜야 한다.
그동안 습관적으로 뱉어내던 다른 사람에 대한 험담이나 불만에 대한 언급을 확 줄여보면 어떨까? 참으라는 뜻이 아니라 부정적 상황을 곱씹던 습관을 줄여보라는 권고이다. 만약 이러한 노력을 시작한다면 내 마음이 정화되는 효과를 체험할 수 있을 것이다.

지금까지 해온 부정적 부분을 집중해서 생각하고 곱씹고, 말로 표현하던 부정적 근육을 줄이자. 부정적인 마음에서 긍정적 마음으로 방향을 바꿔서 내가 원하는 긍정적인 상(像)을 여러 차례, 구체적인 부분까지 수시로 언급하는 노력을 하는 것이 필요하다.

이글에서 강조하는 것은 우리가 평상시에 과도하게 부정적인 상황을 반복적으로 언급하고 있다는 사실과 그로 인해 많은 시간과 에너지를 소모하고 있다는 사실을 잘 모르고 있다는 점이다. 앞으로 부정적 이야기에 많은 시간과 에너지를 소모하고 있지는 않은지 스스로 점검해 볼 일이다.

아침에 출근해서 동료, 상사, 부하를 만났을 때 '못마땅한 마음', '재수 없다는 생각' 등이 내 머릿속을 얼마나 차지하는지 점검해보자. 잠깐 스치는 정도의 불쾌감이어야 하고 그 이후에는 내 업무, 내 관리에 집중할 수 있어야 바람직한 상태라고 할 수 있다. 못마땅한 그들과 잘 지내라는 뜻이 아니다. 그들에게 심리적으로 말려 들어가지 말고 자신의 현재 업무와 생활에 집중하라는 뜻이다.

이처럼 내 생활에 순간순간 집중하고 일을 추진하는데 방해요소가 최소화되는 것이 중요하다. 내가 원하는 방향과 상황을 만드는 데 집중하고 노력하는 상태, 그리고 휴식을 취하고, 여유로운 상태가 되는 것이 중요하다. 이런 상태가 내가 진정으로 원하는 것 중의 하나인 것이다.

내가 진정으로 원하는 삶의 모습을 이야기하는 데 익숙해지고 자연스러워지는 노력이 필요하다. 큰 그림도 좋지만 작은 것 한 가지 또 한 가지를 묘사하는 연습도 중요하다.

아침에 직장, 학교에 들어서면서 여유롭고, 자부심이 느껴지는 상태가 되는 이미지를 자주 떠올려 보는 것도 좋고, 직장과 학교를 바라보고 흐뭇한 미소를 띄워보는 상상도 좋다.

내가 분노를 품으면 세상 만물이 나에게 독기를 뿜어낸다는 말이 있다. 마음에 안 드는 상황일지라도 '중립지대'로 가서 마음의 독소를 줄이는 노력은 '나를 보호하기 위한 것' 이다.

균형 잡힌 마음은 '달리는 마음'과 '쉬는 마음'의 조화이다

세상은 바쁘지 않다. 내 마음이 바쁜 것이다.

우리는 성장하면서 빨리빨리 반응하는 문화에 친숙해져 있고 당연히 그런 노력을 기울여야 한다는 것으로 교육받고 체험하며 어른이 되었다. 열심히 일하는 것은 필요하지만 정작 잠깐씩 쉬는 방법, 마음에 여유 갖는 방법에 대해서는 배운 적이 없다.

언제든 쉼표를 찍고 마음의 공기를 순환시켜주어야 한다.

마음이 탁하면 일이 잘 안 풀린다.

잘 안되더라도 항상 최종 선택은
'균형' 이기를 바란다.

그들은 당신 마음 풀어주자고 스타일을

바꾸지 않을 것이다

III

그들은
당신을 위해
변하지
않을 것이다

01
우리는 왜 남의 눈치를 살필까?

,

앞서 살펴본 것처럼 우리는 '내가 만족하고 의미를 찾는 삶' 보다는 항상 "남이 어떻게 볼까"에 '촉' 을 세우며 사는 경향이 강하다.

우리는 왜 남의 눈치, 반응에 민감한 걸까?

(눈치는 필요하지만, 여기에서 눈치의 의미는 과도하고 주눅 드는 정도를 말한다.)

우리는 왜 남의 눈치를 살필까? 왜 남의 반응을 미리 걱정하는 걸까?

- "내가 이 말을 하면 상대가 기분 나쁘게 되고, 그러면 우리 사이가 나빠질까 봐 걱정되니까요"
- "나를 우습게 보고, 깔볼지도 모르니까요"

맞는 말이다.

사람이 사회생활에서 상대방 마음을 살피고 배려하고 잘 지내는 것은 매우 중요한 사회적 기능이다. 관계가 좋아야 업무 협조도 잘되고 좋은 성과로도 이어지기 때문이다. 다만 사람이 건강하게 상대방을 살피는 것과 시달리면서 상대방을 살피는 것은 분명히 큰 차이가 있다. 건강하게 상대방을 살핀다는 것은 내 마음에 여유가 있음을 전제로 하여 주도적으로 상대방을 보살펴 주는 것이다. 이는 부정적 결과가 생길까 봐 어쩔 수 없이 상대방을 살피는 즉 자신이 시달리면서 상대방을 살피는 것과는 많은 차이가 있다.

내가 언제부터인가 사람들을 만나는 데 있어서 긴장감이

들고 부담스러움을 느낀다. 내가 어떤 역할을 해야만 할 것 같고, 대화가 끊긴 순간을 어떻게 넘겨야 할지 막막한 기분이 들기도 한다. 좋은 분위기를 이어가고자 다소 과도한 액션, 과도한 웃음, 분위기를 이어가기도 하지만 피곤하고 힘이 든다는 느낌이 든다.

타인과 잘 지내려는 노력은 분명 바람직하다. 그러나 시달리면서 남의 눈치를 살피는 성향을 가지고 있으면 갈등, 다툼, 긴장이 생겼을 때 혼란을 경험하게 된다. 무난히 넘기려는 마음의 준비와 어떻게 대처해야 할지에 대한 학습이 되어 있지 않기 때문에 생기는 일이다. 갈등이 생기는 것을 막으려 애쓰는 중에 갑자기 갈등이 찾아오면 무척 당황스럽게 된다. 그래서 다음에는 아예 갈등이 생기지 않도록 미리 분위기를 띄우고 좋은 기분만 유지하려 애쓰게 된다. 이는 매우 소모적인 노력이다. 사람이 살면서 매일 기분이 좋게만 살 수 없는 것과 마찬가지로, 인간관계를 하면서 다툼, 갈등, 미묘한 긴장감 역시 겪지 않을 수 없는 정상적인 요소이기 때문이다.

나도 모르게 상대방의 눈치를 살피고, 상대방 반응을 곱씹으며 자신을 책망하는 습관은 결과적으로 나를 갉아먹는 해로운 습관이다. 우리는 자신이 이러한 잘못된 습관으로 소모적인 삶을 살고 있는 줄 미처 모르고 "대인관계가 어렵다"라고 단순하게 인식하며 힘들어하는 것이다. 사람들이 대인관계를 힘들어하는 이유는 "사람들과의 관계는 좋아야 하고 나빠지면 안 된다."는 기준을 강하게 설정하고 좋게만 지내려 애쓰며 살아온 결과이다.

예를 들어 "매일 기분 좋은 상태로만 지낼 수 있는가?"라고 질문을 받으면, 우리는 어떤 대답을 할 수 있을까? 사람은 누구나 감정과 기분이 수시로 변한다. 사람의 마음 속에는 다양한 감정이 물결치며 흐르고 있는데, 모든 걸 부정하고 기분 좋은 것만 선별해서 경험하려는 것은 불가능하다. 매일 기분 좋은 상태로 지내려는 것은 무리하

균형을 갖추도록 수시로 체크하는 생활습관은 매우 중요한
"마음 운동" 이라 할 수 있다.

고 있는 것이다.

"앞으로 노력해야지"가 아니라 "지금부터 노력해야지"로 바꿀 필요가 있다.

우리 마음속에 있는 갈등, 부담감, 불편함, 어색함, 긴장감, 즐거움, 행복, 편안함 등의 모든 감정은 "나의 소중한 감정"이다. 어떤 감정이든 잘 품고 잘 다독이고 잘 흐르게 해주는 것이 바람직하다. 적어도 이런 노력을 꾸준히 해보는 것이 필요하다. 우리는 계단 오르기, 빠르게 걷기, 수시로 스트레칭하기, 똑바로 앉기 등 생활을 통해 운동이 되고, 그 효과는 꽤 크다. 마찬가지로 내 모든 감정을 품고, 흐르게 하고 균형을 갖추도록 수시로 체크하는 생활습관은 매우 중요한 "마음 운동"이라 할 수 있다.

우리는 소모적이고 시달리는 인간관계 즉 나를 갉아먹는 '남 살피기'를 멈추고 '건강하게 상대방 바라보기'를 목표로 해보자. 가만히 생각해 보면 내가 살고 싶은 삶은

"건강하고 당당한 마음으로 사는 것" 이지 않는가?

나는 건강하고 당당하고 여유롭게, 어깨를 좀 펴고 차분히 상대방을 바라보자. 내 마음이 든든하게 나를 받쳐줄 테니까...

02
착하게 사는데 왜 힘들까?

,

사람들은 종종 "착하게 사는데 왜 힘들까?"라는 푸념을 하기도 한다.

＊ **착하다**: (사람이나 그 마음이) 곱고 어질다.
   나쁘다: 성질이나 내용이 보통보다 낮다. 도덕적으로 옳지 않다.

[다음 사전]

위 사전적 의미에서 보듯이 '착하다'는 개념은 '나쁘다'의 반대말로, 심성이나 행동이 좋다는 의미를 내포한다. 그렇다면 '착한 사람'이란 어떤 의미를 가질까? 착한 사람은 심성과 행동이 좋은 사람이라는 뜻도 있지만 '착한 사람 콤플렉스'를 가진 사람을 뜻하기도 한다. 그러므로 '착한 사람 콤플렉스'를 가진 사람을 그냥 '착한 사람'이나 '착한 여자', '착한 남자' 라고 표현하기도 하고, 그런 아이를 '착한 아이' 라고 부르기도 한다.

특히 '착한 아이 콤플렉스' 는 타인에게서 착한 아이라는 반응을 듣기 위해 어린이의 기본적 욕구나 소망을 억압하는 말과 행동을 반복하는 심리적 콤플렉스를 뜻한다(위키피디아). 콤플렉스(complex)는 '복잡한' 의미이지만 심리 영역에서는 '열등감' 과 맥락을 같이한다. 콤플렉스는 무의식 속에 억압된 관념이 외부자극에 대해 '감정+억압' 형태가 되어 매 순간 합리적인 행동을 방해하는 요인으로 작용한다.

콤플렉스는 평상시에는 논리적이고 합리적이던 사람이 특정 영역에서 전혀 다른 모습으로 고집을 부리거나 돌변하는 모습 또는 예민한 반응, 위축된 모습으로 변하는 경우가 그것이다. 이는 과거 어떤 경험이 자신의 강점을 갉아먹는 현상이다.

우리는 착하게 살아야 하고, 그러면 좋은 일이 생길 거라는 가르침과 믿음 등을 가지고 살아간다. 아이들에게도 '착하다' 라는 칭찬을 하면서 세상을 그렇게 살라고 가르친다. 그런데, 착하게 살면 정말 잘 살고 만족할 만한 삶으로 이어질 수 있을까? 이러한 삶에 의문을 갖는 사람들이 많다. 착하게 살면 오히려 손해를 보고, 무시당하는 등 좋지 않은 일을 경험할 때가 더 많기 때문이다.

'착하다' 라는 개념은 좋은 뜻이지만 그 안에 '결핍' 이 담겨 있는지가 중요하다. 예를 들어, 착한 아이로 평가받아야 한다는 선입견으로 인해 상대방에게 거절하거나 싫은 소리를 하지 못하는 등 자기 자신의 정체성을 드러내지 못하는 성향이 숨어있을 수 있다.

1) 내가 화내고 감정을 드러내면, 저 사람은 마음이 상할 수 있어.
2) 내가 싫다고 거절하면, 저 사람은 상처받을 수 있어.
3) 실제로는 할 수 있는데, 조금 더 해주면 되는데 내가 너

무 하는 거 아닌가?

4) 내가 거절하면 저 사람과 관계가 상하고, 나에 대해 험담
   할 수 있어.

5) 내가 싫은 소리를 하니까, 그다음부터는 서먹서먹해지는
   것 같아.

6) 찜찜하고 무거운 느낌이 든다. 내 잘못은 아닌데 뭔가 잘
   못한 것 같은 느낌이 든다.

위와 같은 생각에 시달리게 되면, 상대방을 만날 때 위축
되거나 잘못한 사람처럼 느껴지게 된다. 나아가 자기 스
스로 '나는 거절을 못하는 사람이다' 라고 규정하게 되
고, 나중에는 "거절하느냐", "거절 못하느냐" 문제로 더
욱 시달리게 된다.

'착하다' 에서 경계하고 구분해야 할 요소는 분명하다.
'착해야만 해' vs '그렇지 않으면 잘못한 거야' 라는 두
가지의 극과 극의 사고방식, 가치관에서 벗어나야 한다.

예시) '착하다' – '나는 거절한다.' – '상대방이 싫어한다.'

위 예시처럼 극과 극을 벗어나서 가운데의 영역, 즉 중간 영역을 만드는 노력을 해야 한다. '착하다'는 개념의 문제는 '내 주장이나 내 영역이 불명확함'에 있다. 다시 말하면, '착해야 한다'는 편견으로 인해 상대방의 입장만을 고려하고, 정작 내 마음이나 내 입장을 억압함으로써 상대방에게 명확하게 전달되지 못한다는 점이 문제라는 것이다.

우리는 '착해야 한다'는 편견으로 자신의 생각을 표출하지 못하고 억압하면, 몸과 마음이 피곤해지고 업무와 학습 몰입도는 물론 자신감도 떨어진다. 우리는 이 같은 '착한 사람 콤플렉스' 때문에 스스로 물러서게 되고(양보한다는 미화 용어를 사용하면서), 자신이 해보고 싶은 것도 놓아버리게 되면, 결국 경제적인 손해나 승진 기회 박탈 등의 피해를 보게 되고, 경쟁에서 이기는 것 등을 금기

시하는 마음이 자리 잡게 되는 문제로 이어진다. 그래서 '착하다' 콤플렉스에 시달리게 되면 잘살기 어려워지고, 삶에 피곤함을 느끼게 된다.

'착한 사람 콤플렉스'로 인한 문제 해결방법은 중간영역을 만드는 것인데, 말처럼 쉽지는 않다. 몸근육 키우기도 꾸준함과 습관화가 핵심인 것처럼 중간영역을 만드는 마음근육을 꾸준히 평생에 걸쳐 키워야 한다. 키운 만큼 자신의 마음이 자유롭고 편안해질 수 있다. 예를 들면, 아래와 같은 마음을 만들어 보는 것이다. 나를 힘들게 만드는 생각, 사고, 관념 역시 내가 태어난 이후 성장하면서 만든 작품이다. 아래와 같은 생각 역시 지금부터 만들어 나가면 좋은 변화가 찾아올 수 있다. 그럼에도 어려움이 느껴지면 주변에 상담전문가를 만나 도움받는 것을 권해 본다. 다음 기고에서는 이 부분에 대해 좀 더 정리해보는 기회를 갖고자 한다.

＊키우면 좋은 생각들...

1) 거절하는 것은 내 의사를 표현하는 것이다. 잘못하는 게 아니다.

2) 거절에 대해 생각을 오래 끌고 가지 않는 것이 정상적 활동이다.

3) 화 또는 감정을 표출하는 것은 내 의견을 '테이블 위에 올려놓는 것'이다.

   건강하게 의사 표현하는 과정이며, 강약조절은 매번 노력하면 된다.

   어떻게 받아들이든, 그건 상대방의 몫이다.

   다만, 그 사람이 감정적으로 반응하기보다, 내 상태를 이해하는 수준에서 끝내주기를 희망해본다.

4) 상대방이 나의 거절에 대해 쿨하게 생각하지 않고 뒷담화를 하거나, 비난하는 경우, '그건 그 사람의 입장이다'라고 정리해 본다. 내가 그 사람의 감정까지 고민해주고, 고통에 빠지는 것은 나에 대해 무책임한 태도이다. 이런 태도는 내가 진정으로 바라는 것이 아니다.

5) 우리는 착하게 살아야 한다. 그러나 내 영역과 내 주장을 분명히 표현하는 범위 내여야 한다. 착하게 사는 것과 내 주장을 하는 것은 1:1이어야 한다. 우리는 "내 의견을 잘 표현하는 착한 사람"이어야 한다.

6) 서로 다른 의견을 꺼내놓고, 갈등하고 조율하고, 소통하며 살아가는 게 우리 인생이다. 즉, 갈등과 조율은 힘들지만 당연한 것이다. 관계가 안 풀어질 때도 많다. 나만 애쓰고 상대방은 받기만 한다면 관계를 계속 유지할지 마음 정리가 필요한 단계라고 할 수 있다.

7) 이런 마음의 정리가 안 되면 가족관계, 대인관계에서 희생양을 만드는 일이 벌어진다는 점을 명심한다. '착한 사람 콤플렉스'는 결국 내 성장과 삶의 만족을 빼앗아 간다. 나아가 나를 더 억압하여 내 소중한 감정을 송두리째 빼앗도록 하지 마라.

03
'탓'을 하며 시간을 보낸다면....

,

　　남 탓이란 나의 실패로 인한 책임을 남에게 돌리는 것을 말한다. "내가 시험에 떨어진 것은 공부를 방해한 너 때문이야." 등의 표현을 말한다. 나의 실패의 책임을 주변 상황 탓으로 돌리기도 한다. 자신의 실패 책임을 남에게 돌리는 것은 자기 탓으로 돌리는 데서 오는 심리적 고통을 면하기 위해서이다.

이렇듯, '탓'은 부정적인 일이 생겨난 원인을 의미하는데, "구실, 핑계를 삼아 원망하고 나무라는 일"이라 정의되는 것이다. 우리는 일상생활 가운데 "누구 때문에"라는 표현을 사용하면서 남에게 원망과 비난을 하는 경우가 있다. 실제로 그 일이 그 사람으로 인해 생긴 경우도 있고, 그 사람 때문이 아닌데 그 사람 탓이라고 하여 갈등을 유발하기도 한다. 또한, 나와 그 사람의 상호작용에 의해 갈등과 충돌이 벌어진 경우도 있다.

앞에서 설명한 '탓' 의 개념에서 눈에 띄는 표현은 "구실, 핑계를 삼아 원망한다"라는 대목이다. 우리는 일상생활을 하면서, 누군가 다른 사람이나 상황에 책임을 돌리고 그 구실과 핑계를 삼아 원망하는 경우가 있다.
아래 표현은 일이 잘 안 풀릴 때 우리 머릿속을 채우는 '탓' 을 하는 문장들이다.

- 만약 그 사람을 안 만났더라면...
- 그 일이 안 생겼더라면.....
- 하필 그때 그것만 아니었으면.....

최근에는 "코로나 때문에"라는 표현을 가장 많이 하는 것 같다. 하필 창업하는 시점에 코로나가 발생했고 이로 인해 심각한 경영난을 겪는 사람들, 항공사에 취업했는데 신규직으로 발령을 못 받고 권고사직 받는 사람들.... 코로나 사태가 장기화되면서 '코로나 탓'이 이제는 심각한 수준이라는 생각이 든다.

직장에서 업무를 함에 있어서도 직원들간 '탓'을 하는 일이 빈번하게 발생한다. 상대방이 맡은 일을 제대로 하지 않아서, 괜히 연결된 내 업무까지 피해를 입는 경우도 있다. 필자 주변에도 이런 고민을 이야기해오는 사람이 종종 있다. 상대방이 여러 핑계를 대고 담당업무를 차일피일 미루어서 결국 그 피해가 자신에게 파편이 튀었다는 이야기다. 이런 상황을 일일이 이야기하기도 쉽지 않고, 매번 반응하다 보면 소모적인 느낌을 피할 수 없어서 힘이 들 때가 많다.

어떻게 대처하고 상황을 정리하는 게 좋을까?

첫째, 원칙을 세워야 한다.

어떤 원칙인가? 내가 실패한 책임이 남이나 상황에 기인한 것일 수 있지만, '탓한다고 하여 문제가 해소되지 않고 나 자신이 더욱 고통에 빠질 수 있다'는 점을 명심해야 한다. 자신이 상대방과 주변 상황 탓을 하다가 자신을 망쳐서는 안 된다는 원칙을 지켜야 한다.

상대방과 상황에 대해 속상하고 열 받는 마음이 이루 말할 수 없다는 것을 충분히 공감한다. 그러나 이때 주의할 점은 '탓'을 하다 보면 거기에 집중하게 되고 이로 인해 자신의 에너지가 소모될 뿐 아니라 상황판단력까지도 떨어진다. 나아가 현재 내가 해야 할 업무나 대인관계에까지 부정적인 영향을 받게 된다는 점을 알아야 한다. 탓을 하다 보면 나타나는 연쇄적 반응, 분노의 상승작용은 내가 원하는 바가 절대 아니라는 점을 명심해야 한다. 구체적으로 말하면, 기분 나쁜 상대방을 만났거나 안 좋은 상황을 당했을 때도 탓을 하고 싶다는 감정에 빠지지 않도록 하는 원칙과 기준을 단호히 붙잡고 흔들리지 말아야한다. 탓을 하도록 하는 상대방이나 상황이 주는 충격이 100이라면 탓하는 감정에 빠지지 않고 버티도록 하는 원칙을 지키는 힘이 110 이상이어야 무사히 지나갈 수 있다. 탓하고 싶은 부정적 감정으로 인해 부들부들 떨리는 것을 가라앉히고 "나를 지키고 보호하는 원칙"을 항상 지키려는 노력을 꾸준히 유지해야 한다. 쉽지 않은 표현이지만 그렇다고 해서 부정적 상황에 나를 무방비로 놔둘 수는 없는 노릇이다. 내가 남 탓, 상황 탓을 하다가 스스로 부정적 감정에 휘말려 더욱 폭발하도록 방치해서는 안 된다는 의미다. 방치하면 자신의 마음을 더 크게 다치게 하기 때문이다.

둘째, 상대방 특성을 명확히 파악한다.

내가 '탓하기'를 하려다가 자신을 다치지 않도록 하기 위해서는 상대방의 특성을 명확히 이해하는 것이 필요하다. 상대방과 상황에 대해 명확히 알면 대처방안도 쉽게 나올 수 있다. 못된 사람들은 상대방에게 피해를 입히고도 미안해하거나 연연하지 않는다. 그리고 이 상황을 자신의 잘못이 아니라 사람들 간의 다툼 또는 갈등 상황으로 변질시키는 역량이 뛰어나다. 즉, 자신이 상대방에게 피해를 입힌 게 아니라 단순한 다툼, 갈등 정도로 상황을 몰아가는 것이다. 이렇게 되면 주변 사람들은 피로감을 느끼게 되고 관심이 멀어지게 된다.

이때 내가 할 일은, 물건을 테이블 위에 올려놓는 마음으로 어떤 사실이 있었는지를 '사실' 위주로 툭 던져 놓는 방식을 준수할 필요가 있다. 이때 감정은 많이 자제하고 낮추는 것이 요구된다.

거지 같은 상황, 지저분한 상대방에 대해 '덤덤한 상태'를 유지하고 조금씩 여유를 가져보는 노력이 실천된다면 내 마음 근력이 좋아졌음을 의미한다. 마음 사이즈 역시 노력하는 만큼 커졌음을 알 수 있다.

탓을 하다 보면 나타나는 연쇄적 반응, 분노의 상승작용은
내가 원하는 바가 절대 아니라는 점을 명심해야 한다.

결과적으로 내 스스로 "나를 지키고 보호"하는 사람으로 성장을 이끌어 줄 것이다. 그러니 지치지 말고 오늘 언급한 내용이 성격으로 자리 잡고 자연스러워지도록 노력해보기를 권한다.

04
그들은 당신을 위해 변하지 않을 것이다

,

"저 사람, 진짜 문제야."

"쟤는 왜 저 모양이야."

"쟤 때문에 직장생활 하기 싫어."

"계속 이야기하는데도 저 사람은 왜 똑같은 행동을 할까?"

상대방의 개념 없는 말, 행동에 화가 나서 여러 번 이야기 했지만, 요지부동인 경우가 있다. 친구, 가족, 애인이 대상이기도 하고, 직장동료가 해당되기도 한다. 상대방을 보는 순간 그런 감정이 울컥 올라오기도 하고, 그의 똑같은 태도에 화가 올라오기도 한다.

"그들은 당신의 이런 속상함과 화를 해소해주고자 변하지 않을 것이다"

이 말이 야속하게 들릴 수도 있지만 사실이다. 거꾸로 이야기하면, 그들이 당신에게 "신경 쓰지 마" 또는 "내 스타일에 신경 쓰지 말고 잔소리하는 네 스타일이나 바꿔!"라고 말한다면 어떤 생각이 드는가?

그들은 당신의 이야기에 신경 쓰지 않고 똑같은 행동을 반복한다. 당신도 역시 그들이 보내는 메시지(여러 번 동일한 태도를 유지해서 바뀔 의사가 없음을 보여줌)에 신경 쓰지 않고 끊임없이 개선을 요구하는 것이다.

이것은 어떤 심리일까?

– 그들의 태도를 바꾸고 싶어 하는 내 마음,
– 그들이 변해야 내가 편해질 수 있다는 내 입장
– 그들이 동일한 태도, 행동을 반복하지 말아야 한다는 내 생각

- 그런 태도, 행동을 보면 화가 나는 내 마음
- 결국 네가 변해야 내가 편해질 수 있다는 입장

위 심리처럼 결국 내가 불편해서 네가 바뀌어야 한다는 논리이다. 당신이 하는 지적이 맞고 틀리고의 문제를 말하는 것이 아니다.

'그 사람을 위한 좋은 이야기인데, 왜 귀담아듣지 않는 것일까?

- 혹시 그 말을 전달하는 내 말투, 스타일 때문에 반발심을 갖는 것은 아닐까?
- 기다려 주지 못하고 반복해서 말하는 내가 몰아붙이는 것은 아닐까?
- 나 역시 탄력적이지 못하고, 나는 변하지 않으면서 상대방에게만 바꾸라고 요구하는 것은 아닐까?

상대방과의 관계에서 문제가 지속된다는 것은 목 빼고

그 사람 바뀌는 것을 기다리는 형국이 된다. 그 사람이 바뀔 의사가 없는데도 그 사람이 바뀌길 기다린다는 것은 어리석고 현명하지 못하다. 기다린다고 해서 상대방이 바뀔 가능성이 없고 기다린 만큼 스트레스가 가중될 것이기 때문이다.

그런 사람과 살고 있는 내가 좀 더 탄력적으로 바뀌어야 함을 말하고 싶다. 내 마음의 그릇을 더 키우고 그 사람 스타일에서 좀 더 자유로워지는 방법을 찾아야 한다.

"그들은 당신 마음 풀어주자고 스타일을 바꾸지 않을 것이다"

05
막말 거리두기 '3단계'

,

지도층을 중심으로 '막말 거리두기 3단
계'를 한 달만 해보면 어떤 일이 벌어질까? 입이 근질거
려 생병 나는 사람도 생기겠지만 국민들의 삶은 한결 좋
아질 것 같다. 칭찬은 관두고, 덤덤하게 서로의 건강을
염려하며 하루 잘 보내라고 하는 모습이면 지도층의 역
할은 충분하다.

'말 - 감정 - 심리건강'의 연관성에 대해 살펴보고자 한다.
주말 공원에는 사람들이 제법 많지만 모두들 마스크 착
용과 거리두기에 신경 쓰곤 한다. 식당에도 밥 먹기 전까
지 마스크를 착용하고 있고, 다들 주의하고 조심하는 모

습이 역력하다. 국민들은 각자의 삶을 지키기 위해 안간
힘을 쓰는 모습이다.

마스크를 쓰고 뛰어다니는 어린 아이들의 모습은 마음을
아프게 한다.

국가의 지도층은 국민에게 '부모' 같은 존재다. 믿고 의
지하고 살아야 하며, 지도층이 어떤 분위기를 만드느냐
에 따라, 국민들은 많은 영향을 받게 된다. 정파들간에
서로의 잘못을 들춰내며 비난과 막말로 싸우기 시작하면
국민은 멘붕에 빠지게 된다.

부모들이 자식들 앞에서 서로 싸우면서 상대방의 잘못을
비난하거나 시시비비를 가리려 하지만, 아이들에게는 누
가 더 잘못했느냐 보다 부모의 싸움 자체가 정신적 트라
우마를 남긴다. 아이들은 부모가 싸움을 그치고 평안한
상태로 되돌아오기를 바랄 뿐이다. 부모가 싸운 이슈와
잘잘못에 대해서는 관심이 별로 없다. 집을 나갈 수도 없

고 그저 집안에서 불안과 걱정, 속상함을 안고, 울음을 삼키며 "제발 그만 싸워라"라고 하소연할 뿐이다.

부모가 화를 못 참고 컵을 던지면 자녀는 성인이 된 후 부모에게 의자를 집어 던지게 된다. 화나면 물건을 던지라고 시범 보였으니 자업자득이기도 하다. 리더에 대해 무너진 신뢰는 현장에 방문한 지도층을 상대로 물리적 폭력을 행사하는 상황으로 이어진다. 우리 사회를 받쳐주던 최소한의 예의, 자정작용이 무너진 탓이다. 무슨 말이든 뱉어내는 모습을 자주 봤으니 못할 것도 없는 것이다. 이 모든 것이 가정문화이고, 국가의 문화 수준이 된다.

우리나라는 한밤중에 길을 다녀도 별로 불안감을 느끼지 않는다. 별일이 없을 것이라는 믿음이 있기 때문에 가능한 일이다. 실제 우리나라의 치안은 매우 좋은 수준이다. 한밤중에 다녀도 별일이 없을 것이라는 믿음은 최소한 우리나라 안에서는 치안이 지켜질 것이라는 물리적인 안전망이 만들어져 있고, 심리적인 안전망 역시 만들어진

덕분이다.

그런데 거칠게 민원을 제기하는 사람들 앞에 관료, 정치인들은 매 맞을 각오를 하고 그 앞에 서야 하는 시대가 되었다. 계란, 신발이 날아오고 멱살 잡히는 것은 기본으로 등장하고 있다. 사회지도층에 대한 최소한의 예의, 존중은 없어진 지 오래다. 아이러니한 사실은 이런 분위기를 만든 주체가 사회지도층이라는 점이다. 매일 TV, 라디오, 인터넷 등에 사회지도층 사이의 막말 퍼레이드를 보는 것은 일상이 되었고, 몸싸움도 자주 보여주었기 때문이다.

예를 들어 부모의 폭력을 일상으로 당하며 자라온 아이들이 거친 말을 쏟아내는 것은 어찌 보면 당연한 것이다. 그들에게 폭력이 친숙해져 있기 때문이다. 이 집안의 '부모 – 자녀' 사이에 대화는 어떨까. 레전드급 막말과 몸싸움이 전개될 것이다. 자녀 입장에서 부모에게 대드는 것은 더 이상 어려운 주제가 아니기 때문이다.

사회지도층, 조직관리자, 부모는 화가 나도 절제된 언어, 행동을 지속적으로 보여주어야 하며 국민들 사이에 다툼과 화가 있다면 절제하고 대화하라는 메시지를 일관되게 몸소 실천해 주어야 사회적 분위기가 변화할 것이다.

자식은 부모의 그림자이다. 국민은 사회지도층의 그림자이다.

코로나는 사회적 재난이다. 전쟁이 무서운 건 언제 끝날지, 내가 괜찮을지 예측불가능한 불확실성 때문이다. 기간이 길어질수록 경제적, 심리적으로 힘든 사람들이 늘어나며 돌출행동이 증가할 수 있으며 성실하게 수칙을 지켜온 사람들마저 분노 표출로 이어질 수 있다.
독설과 막말을 내뿜으면 좋지 않은 사건들이 내 주변에 많이 생긴다. 조직 생활에서도 욕 잘하는 리더가 머물다

떠난 조직원들은 막말을 쉽게 내뱉는다. 그 정도 말은 해도 된다는 가이드라인이 생겼기 때문이다.

사회지도층은 국민들이 지치고 힘들어하는데 막말까지 뿜어내며 2차 피해를 줄 수 있는 권리는 없다. 자신들의 부족한 인격 문제로 국민들을 오염시키지 않아야 하며 국민들에게 피해가 생기지 않도록 주의하고 보호해줘야 할 의무를 준수해야 한다.

막말 없는 사회는 '코로나 블루'로 내몰리는 국민들에게 따스한 국가 분위기를 제공해주는 유일한 희망이 된다. '말 ? 감정 ? 심리건강'은 밀접하게 연결되어 있다. 오늘부터 코로나가 끝날 때까지 '막말 거리두기 3단계' 실천해보면 좋겠다.

06
가장 힘이 될 수도, 가장 아프게
할 수도 있는, 우리가족

,

가족은 우리에게 가장 가까운 존재로서, 서로에게 사랑을 안겨주기도 하지만 오히려 마음의 상처를 입히기도 한다. 가족이란 인류가 탄생하면서부터 생긴 개념이다. 가족은 우리가 태어나면서부터 시작된 것으로, 구성원들이 많은 것을 공유하고, 모든 에너지를 주고받는 관계이다. 가족들은 이같은 운명공동체이기 때문에 좋은 관계를 통해 행복을 누리기도 하지만, 서로 간의 갈등 관계로 인해 서로 깊은 상처를 주고받기도 한다.

우리나라는 물론 선진국에서도 기업을 운영하는 데 있어 가족들이 참여하는 '가족경영'이 매우 흔하다. 이는 '역

부모와 자녀 등 가족 간에 대하는 태도는
가족 질서와 가족 문화를 이룬다.

시 믿을 곳은 가족뿐' 이라는 생각 때문이다. 특히 우리나라에서는 가족을 중요시하기 때문에, 기업경영에서 '가족경영' 의 예를 매우 흔하게 볼 수 있다. 형제들이 동참하고 경영권을 자식에게 승계하는 것이 일반적이다.

그러다 보니, 회장님이 돌아가시면 가족들 간에 그 경영권을 놓고 소송을 하거나 갈등하는 일을 자주 보게 된다. 기업 가문이 아니더라도 부모의 유산 분배문제나 여러 가지 다른 이유들로 가족들 간에 서로 싸우고 갈등, 외면하는 일들이 비일비재하다.

가족들은 가깝기 때문에 서로를 잘 알고 있고, 그래서 더 잘 싸운다. 잘 살펴보면 어린아이시절 한 치의 양보도 없이 치사한 다툼을 벌이는 모습의 확장판처럼 보인다. 그때는 단독 싸움이었고, 성인이 된 이후는 추종하는 세력까지 합세한 큰 싸움이라는 차이밖에 없다.

가족은 기본적으로 부모와 자녀들의 관계로 이루어져 있

다. 부모와 자녀 관계에서 부모의 역할은 절대적이다. 가정 내 질서를 만들고 가족문화와 분위기를 만들고 이끌어가는 것이 부모이기 때문이다. 어린아이들은 부모로부터 사랑을 받기도 하지만 과도한 개입이나 통제를 받거나 심지어 학대를 받기도 한다. 때로는 무관심으로 인해 상처를 받기도 한다. 부모로부터 받는 이러한 양육 태도는 어린 자녀들의 성격 형성과 세상에 대한 관점이나 세상을 대하는 태도 즉, 세계관을 결정짓는 결정적 역할을 하는 것이다. 어린아이들이 평생의 삶을 살아가는 모든 요소들이 이 시기에 만들어지고 고착된다. 이것이 그 아이의 평생을 통한 삶의 이정표로 자리 잡는 것이다.

부모와 자녀 등 가족 간에 대하는 태도는 가족 질서와 가족 문화를 이룬다. 아이들은 이러한 가족 질서와 문화를 습득하여 정체성을 형성한다. 쉽게 말해 '그런 집안'이 되는 것이다. 아이들이 어릴 때 습득한 가족문화는 평생으로 이어지고 다시 그들의 자녀들에게로 전달된다.

어른이 되어서도 형제들 간 서로 다투는 가족들이 많은데, 이는 대개 형제들 간에 성장 과정에서 서로를 인정하는 마음을 형성하지 못하거나 서로 경쟁심리로 긴장감을 형성했기 때문인 경우가 많다. 어릴 때 형성된 이러한 관념은 성인이 되어도 쉽사리 바뀌지 않는다. 어릴 때 깊은 곳에서 형성된 무의식, 의식, 가치관, 익숙함은 살아온 시간만큼이나 반복하며 키워온 결과물이기 때문이다.

＊한 어린이집에 항상 어두운 얼굴로 생활을 하고 말이 없고 짜증이 잦던 한 아이가 있었다. 그 아이는 부부 갈등으로 집을 나간 아빠를 그리워하며 "나는 아빠가 없어"라는 말을 거듭하던 아이였다. 어느 날 그 아이는 밝은 표정으로 어린이집에 들어와 하루종일 선생님들에게 떠들어댔다. 그리워하던 아빠가 집에 왔기 때문이었다. 가정에서 아빠라는 존재가 아이의 심리에 어떤 영향을 미치는지를 잘 나타내는 사례이다.

＊어린이집에 있는 한 아이는 하루종일 열이 나고 아픈데도 자신을 찾으러 오지 않는 엄마를 한없이 기다렸다. 그 아이는 출입구 문이 열리고 친구들이 자기 엄마를 따라 집으로 나설 때마다 가방을 메고 나서다가도 자신의 엄마가 아님을 알고 슬픈 모습을 하고 돌아섰다. 그 아이 엄마는 전업주부였음에도 불구하고 어린이집에 종일 아이를 맡겼다. 어린이집 선생님이 아픈 그 아이에게 해열제를 먹인 후 엄마에게 전화해 아이를 데리고 병원에 갔으면 좋겠다고 말했으나 그 엄마는 바빠서 못 온다는 대답만 돌아왔다. 그 아이의 슬픈 눈빛이 보는 이들을 안타깝게 한다.

위 사례에서처럼 그러한 경험을 한 어린이들의 마음에는 어머니로부터 깊은 상처가 깊이 자리를 잡는다. 자신은 엄마로부터 버려졌고, 무관심의 대상이라는 인식을 하는 것이다.

반대로, 어린이들이 부모로부터 받는 긍정적 에너지는

평생을 사는 에너지가 된다. 우리는 누군가로부터 '매력 있다.', '일 잘한다.' 등 칭찬을 받거나 '멋지다'는 등 호평을 받을 때 어떤 기분이 드는가? 우리 모두는 다른 사람으로부터 그런 인정감과 사랑을 받을 때 많은 에너지가 생성되는 것이다.

우리는 가족으로부터 인정감과 사랑의 에너지를 받는 것이 친숙하고 익숙해져야 독자적이고 건강한 삶을 살수 있다. 만약 어린 시절 가족으로부터 인정감과 사랑을 받는 것이 결핍되면, 어른이 되어서도 주변 사람들로부터 인정감과 사랑을 받기 위해 눈치 보기, 과도한 친절, 쉽게 흔들림, 인간관계에서 쩔쩔매는 태도 등으로 나타날 수 있다. 이로 인해 자신의 삶을 주도적으로 살지 못하고 사랑을 구걸하고 그것을 얻기 위해 많은 시간을 허비하고 에너지를 소모하게 된다.

어릴 때 부모로부터 사랑과 인정감이 충족된 사람은 대

인관계에서 사랑과 인정이 있으면 좋지만 없어도 자신의 일을 흔들림 없이 추진해나갈 수 있다. 사랑과 인정감은 또 다른 사람으로부터 받을 수 있기 때문이다. 그는 기본적으로 사랑과 인정감이 쌓여있고 그것을 에너지 삼아서 더 크고 만족스러운 것을 위해 열심히 살아가는 '정체성'을 갖는 것이다.

내가 자녀를 정말 사랑한다면 부모 스스로의 '그림자'를 지우고, 줄이는 노력이 필요하다. 내가 어떤 분위기, 가족문화에서 성장하였는지 살펴보고, 나의 가장 취약한 부분이 무엇인지 돌아봐야 한다. 나의 가장 취약한 부분은 '힘든 마음' 형태로 나타나서 나를 위축되게 할 수도 있고, '남을 무시하고, 공격하는 마음'으로 나타나서 나 스스로는 불편함이 없지만, 타인을 힘들게 하는 스타일로 나타날 수도 있다.

내가 열심히 개선작업을 하여 30% 정도 성격을 바꾸고, 나의 자녀도 다시 노력을 통해 30% 정도 성격을 바꾼다면, 결국 적어도 우리 가족은 60% 이상의 개선된 삶을 살 수 있는 것이다. 이런 태도 변화는 서로에게 좋은 영향을 미쳐서 「60%+α」를 가능하게 할 수 있다. 좋은 태도를 가진 사람은 주변에 좋은 영향을 미치기 때문이다.

가족은 사랑이라는 이름으로 모든 걸 서로에게 할 수 있다. 사랑을 가장한 억압이 될 수도 있고, 자녀를 무기력하게 만드는 과도한 개입이 사랑으로 포장될 수도 있다. 적절히 지지하되, 엄격함이 함께하는 절제된 사랑도 가능하다. 다만, 그 경계선이 애매하고 어려운 문제는 존재한다. 그렇기 때문에 수시로 우리 그림자를 살펴보고 개선하려고 노력하는 것이 해결과 변화의 시작이고 끝이라 할 수 있다.

마음근육이란

마음은 눈에 보이지 않는다. 그냥 느낌으로 알 수 있을 뿐이다.

'마음'은 감정, 의지, 생각, 기억 등 모든 영역을 포함하고 있다.

"마음이 곧 나이고 내가 곧 마음이다."

부정적 감정은 줄이고, 긍정적 감정은 키우는 마음의 힘이 '마음근육'이다.

자동차 운전, 스키, 인간관계 모두 '균형' 잡는 것이 핵심이다. 마음근육은 자신의 감정이 균형을 유지하도록 해주는 자기 조절력이라고도 할 수 있다.

우리가 원하는 모습은 결국 '균형 잡힌 상태'가 되는 것이다.

마음근육이 키워지면 감정조절, 자기관리, 대인관계가 편안하게 된다.

몸근육 키우기도 꾸준함과 습관화가
핵심인 것처럼 중간영역을 만드는 마음근육을
꾸준히 평생에 걸쳐 키워야 한다.

,

"몸이 건강하면 마음도 건강하다"라는
표현은 절반만 맞는 말이다.

IV

나를
조절하고
건강하게
관리하기

01
'숨만 쉬고 있어도 화가 난다' 는
병사이야기

,

"어린 시절 숨만 쉬고 있어도 화가 났어요"

상담을 받던 A 병사가 상담 중 건네 온 말이다. 이 표현을 듣고 A에 대해 많은 부분이 이해되었다. 군 생활에 적응을 못하고, 재검을 받기 전 치유 상담을 진행한 병사가 있었다. 요즘 이러한 경우는 제법 많기 때문에 여러 사람들에게 시사점이 있을 것으로 생각된다.

A 병사는 대학 시절 집에서 잘 나가지 않고 무기력하게 지냈다. 뭔가를 해야 하는 일이 생기면 귀찮아하고 짜증스러운 반응을 보이면서 잘 하려 하지 않았다. 가끔 자신

이 좋아하는 '록 음악'을 하러 나가서 친구들과 밤을 새우고 들어오기도 했다. 평소 무기력하고 움직이려 하지 않던 태도와 정반대 행동을 반복해왔기 때문에 부모도 그의 성격을 가늠하기 어려워했다.

부모는 "그저 자기가 좋아하는 것만 하려는 요즘 애들"이라는 표현을 사용하며 요즘 젊은이들의 일반적 특성이거나 일시적인 태도 정도로 생각했고, 별문제는 아니라는 인식을 가졌다. 이런 특성이 있으면 집단생활에 많은 어려움이 따른다. 군 생활이란 내가 하기 싫어도 의무적으로 해야 하는 상황이 많기 때문이다.

내키지 않는 일을 안 하고 살수만 있다면 얼마나 좋을까? 대부분의 사람은 성장기에 내가 좋아하는 것만 하려던 특성이 있다 하더라도 점차 귀찮은 일, 싫어하는 일도 수행하게 되고, 다른 사람과의 팀워크를 위해 움직여야 한다는 점을 받아들이며 성장하게 된다.

결국 균형의 문제이다. '내가 하고 싶은 일 vs 내가 해야 하는 일' 두 가지가 균형을 갖도록 노력해야 한다. 상담을 진행하면서 A 병사가 왜 이토록 무기력하고 자신의 방에 오래 머무르며 '록 음악' 할 때만 적극적이었는지 드러나게 되었다.

첫째, 아들인 A 병사는 항상 부모가 많은 것을 해결해주고 사랑과 관심을 주었다. 엄마와 아들은 밀착해서 생활하며 감정과 생각을 많이 공유하며 생활해 왔다. 아들이 귀찮아하면 쉬라고 하며 엄마가 해결해주었다. 그러나 학교생활, 친구 관계까지 부모가 개입하거나 대신해 줄 수는 없었다.

A 병사는 대인관계에서 번거롭고, 자신을 거칠게 대하는 친구는 멀리하거나 피해 다니는 습성이 생겼고, 점차 집에 머무르고 혼자 있는 시간이 증가하게 된 것이다. 그러다가 록 음악 하는 친구들과 만나면 많은 부분이 해결되고 우월해지는 느낌이 들어서 점차 빠져들게 된 것이다.

답답했던 마음이 풀리고 자신이 원하지 않던 모습으로 살아왔음을
인정하게 되면서 많은 변화가 찾아왔다.

일상생활에서 경험하는 밋밋함, 갈등, 애매함, 질투, 애써서 관계를 유지하려는 노력 등은 고리타분한 것이라 여기고 냉소적인 반응을 키워온 것이다.

군에서 만난 상급자, 선임병, 동료는 그동안 경험해보지 못한 긴장감을 안겨주었고, 어떻게 반응하고 대해야 할지 혼란 그 자체였다. 학창 시절에는 이런 대인관계를 피해 집으로 가면 해결되었고, 안 만나면 그만이었지만 군에서는 함께 일하고, 함께 훈련하고, 함께 먹고 자야 하는 특성 때문에 말 그대로 멘붕 상태가 된 것이다. 자신을 철저히 이해하고 옹호해주던 사람들은 없고, 주변 동료들은 그에게 '왜 그러냐' 라는 반응을 보였던 것이다.

A 병사는 스스로 뭔가 이상하다는 생각을 하며 살아왔다. 늘 위축된 모습의 자신을 보면서 왜 힘을 받지 못하는지 답답해하며 살아온 것이다. 물론 이러한 고민을 주변 사람들에게 이야기 한 적은 없었다.

A 병사는 상담을 받으며 자신에 대해 중요한 부분을 깨닫게 되었다. 늘 쉬면서도 피곤하고 쾌적하지 못했던 자신의 모습과 아무런 일이 없는데도 "숨만 쉬고 있어도 화가 났다"고 할 만큼 불만족스러운 삶을 살아왔다는 것을 깨닫게 된 것이다.

답답했던 마음이 풀리고 자신이 원하지 않던 모습으로 살아왔음을 인정하게 되면서 많은 변화가 찾아왔다. 무엇보다 스스로가 집안일을 돕고, 청소를 하게 되었으며, 부모에게 의지하던 모습이 점차 사라지게 되었다. 불편하기만 하던 상급자, 선임병과도 한결 여유로운 마음이 형성되었다. 대화를 좀 편하게 할 수도 있다는 자신감을 가지게 되었다.

여기에서 중요한 부분이 있다. 심리 치료에서도 참여 동기가 매우 중요하다는 점이다. 일반적으로 우울, 불안 등 심리적 어려움으로 상담을 받는 사람들은 스스로가 통증에서 벗어나고 싶어 하는 욕구가 크다. 따라서 이들은 적극적 의지가 있기 때문에 심리치료 효과를 비교적 빠르게 경험할 수 있다. 자신이 심리적 고통에서 벗어나야겠다는 치료 의지를 적극적으로 가지고 노력하면 할수록 치료 효과가 커지고 마음이 편해진다는 것이다.

반면 A 병사와 같은 상담 사례는 생각보다 치료적 효과, 변화가 쉽지 않은 측면도 있다. A 병사는 노력해서 자신이 변할수록 '해야 할 일이 늘어나는 현상'을 받아들여야 하기 때문이다. 즉, 과거 스타일은 편했던 부분이 많은 데 비해 상담 이후 때로는 번거롭고 불편함을 감수해야 하는 일상생활로 돌아와야 하는 것이기 때문이다.

귀찮고 힘든 일이 생겨도 개인의 심리적 성장을 멈추지 않고 마음근육을 키우는 노력을 지속해야 한다. 그 이유는 인간의 본성이 자신의 성장과 더 나아진 생활을 진정으로 바라고 있기 때문이다. 잘 생각해보면 우리가 부적응 현상에 빠지는 이유도 '내 생각과 다르거나 내가 원하는 만큼'이 아니기 때문이다. 즉, 심리적 부적응 현상은 자신을 둘러싼 현실의 불만족과 불만에 대한 저항과 충돌에서 오는 것이다. 그러므로, 우리는 스스로 여러 주어진 상황을 이해하고 마음근육 키우기 노력을 통해 좀 더 만족스러운 삶을 산다면 부적응 현상은 사라지게 될 것이다. 결국, 깨달음과 '자기 조절력, 자기통제력'에서 답을 찾을 수 있다.

02
묻지마 폭행, 데이트 폭력

,

잘 익은 토마토가 식탁에서 바닥으로 떨어진다면 어떤 일이 벌어질까? 한쪽이 툭 터지면서 토마토즙과 내용물이 바닥에 쏟아질 것이다. 이처럼 과일이나 음료수가 외부적 충격을 받으면 그 속에 담겨진 내용물들이 쏟아져 나오게 된다.

우리의 마음도 마찬가지이다. 우리의 마음이 어떤 외부적 충격이나 자극을 받으면 내면에 담겨져 있는 감정들이 쏟아져 나오게 된다. 이렇게 표출된 감정들은 외부적 자극에 의해 튀어나온 것이지만, 평소 내 마음속에 잠재되어 있던 감정들이다.

우리는 어떤 충격적 일로 인해 평소에는 보이지 않던 분노 등 어떤 감정들이 외부로 표출될 때, '내게도 이런 감정이 있었나?', '아니! 평소의 나 맞나?' 라는 등 놀라기도 한다. 평소에는 점잖은 사람이 어떤 자극을 받으면 분노가 폭발하여 상습적으로 폭행을 하기도 한다. 그러한 표출되는 감정은 분명 다른 사람 것이 아니라 '내 것' 임에는 틀림이 없는 사실이다.

운전을 할 때 옆 차가 앞에 끼어들기를 했다고 그 운전자를 악착같이 쫓아가서 차를 세우고 폭력을 가하는 사람도 있고, 길을 가다가 자신을 쳐다봤다고 화내는 사람이나 다른 사람이 자신을 무시했다고 격하게 화내는 사람들도 있다. 이러한 사람들의 행동은 자신의 내면에 '압축되어 담긴' 것이 쏟아져 나온 결과이다.

겉으로는 상대방이 건드렸기 때문이라고 원인과 책임을 찾겠지만 엄밀히 짚어보면 결국 내 마음에서 쏟아져 나오는 감정이 지배적인 역할을 하고 있음을 알 수 있다. 다시 말하면 이러한 감정의 폭발은 상대방 때문이 아니라 나 때문이다. 내 마음속에 담긴 감정을 다스리지 못했기 때문에 폭발한 것이다. "왜 나 때문이냐?"라고 반문할 수도 있겠지만, 타인의 그러한 자극에 대해 모두가 다 그런 감정폭발이 일어나는 것이 아니다. 속상하다고, 감정이 상한다고 모든 사람이 폭력을 행사하거나 분노를 못참을 정도로 표출하지는 않는다. 그러한 외부 자극에 대해 감정 폭발을 일으킨 내 마음의 문제 때문인 것이다. 주변의 그런 행위에 대해 전혀 감정이 일어나지 않는 사람들도 많다. 그런 자극에 대해 내 마음이 요동치고 폭발하는 것은 내 마음이 안정되어 있지 않기 때문이며, 그러한 폭발은 다시 내 마음을 요동치게 하며, 나를 힘들게 한다.

남녀관계는 물론 다른 인간관계에서도 사랑이라는 감정은 가장 높은 수준에서 우리에게 행복감을 제공해준다.

다시 말하면 사랑은 남을 이해하고 좋아하는 감정인데, 이 감정을 가지면 남을 행복하게 할 뿐 아니라 자신에게도 극도의 행복감을 준다는 것이다. 결국 사랑은 남을 위한 것이자, 곧 자신을 위하는 것이다. 이러한 상승작용을 하려면 서로 마음속에 있는 사랑의 감정이 표출되도록 노력해야 한다.

인간관계 중 남녀관계가 대표적이다. 남녀관계는 성숙한 노력을 하지 않으면 서로에게 익숙한 만큼 미움, 불편함을 낳기도 한다. 데이트 폭력은 말 그대로 '폭력'이다. 한쪽편이 감정을 견디지 못하고 폭력을 행사하는 것이다.

폭력을 행사하는 당사자는 그 문제만 가지고 있는 것이 아니다. 다른 영역에서도 비슷한 감정을 불러일으키는 상황이 조성되면 격한 감정 표출이 일어난다. 상대방이 자극을 주었다고 느끼면 이런 행동이 나오는 것이다.

그런데 이때 폭력을 행사한 사람은 자신이 연인에게 자극을 주었다고 생각하지 않는 경우가 있다. 즉, 폭력당사자 스스로가 자신을 무시했다거나 비슷한 자극을 지속적으로 받아서 짜증이 미치도록 난다고 여기는 상황이라는 것이다.

위에 언급한 모든 사람들은 '내면에 응축된 감정'이 쏟아져 나오는 경우이다. 이 문제는 '참는 것'으로 해결되기 어렵다. '응축된, 압축된 감정'이라는 표현에서 알수 있듯이 꽤나 쌓여있는 감정이기 때문이다. 삶을 오래산 만큼 그 압축된 힘은 강력하기에 주의가 필요하다. 이런 문제를 안고 있다면 '조심하기'가 첫걸음이 되어야한다.

상대방의 언행이나 어떤 사건의 발생으로 인해 잠깐 불편할 수는 있지만 화낼 일은 아닐 수 있다. 상대방의 언행이나 그 사건이 문제가 아니라 그것에 대해 자극을 받

는 나 자신의 문제 때문일 수 있다. 그러므로 나 스스로 그런 외부 자극에 대해 폭발하지 않도록 '조심하고 주의해야 한다.' 조심해야 하는 이유는 바로 나 자신을 위해서이다. 그래야 나 자신이 보호되는 것이다. 오늘부터 이러한 습관을 실천했으면 한다.

우리가 화, 분노를 뿜어내면 세상 만물이 다시 내게 '독기'를 뿜어낸다는 말이 있다. 그래서 기분이 안 좋은 날은 안 좋은 일이 연달아 일어나는 경우가 많다. 내가 불운에 집요하게 걸려들어 가는 것이다. 반대로 생각해보면 '좋게 생각하고 좋은 마음'을 계속해서 품고 있으면 '응축된 좋은 마음'이 좋은 결과로 되돌아온다. 집요하게 달라붙는 코로나로 인해 모든 것이 위축되는 요즘, 우리를 지켜주는 '응축된 좋은 마음'을 조금씩 키워보기를 권한다.

부정적 말투 줄여보기

,

코로나에 시달리고 위축되다 보니 시간이 어느새 일년 반이 지나가고 있다. 올해는 특히 계획된 일들이 제대로 펼쳐지기 어려웠고, 하던 일도 급하게 변경해야 하는 한해였다. 가끔 재방송을 통해 1~2년 전 드라마, 영화를 보게 되면 마스크를 벗고 활동하는 장면이 나오는데 낯설게 느껴지기도 한다.

학교도 모여서 공부하지 못하고 비대면 수업을 진행하다 보니 가르치는 교사나 공부하는 학생이나 힘들기는 마찬가지다. 채팅창으로 질문하고 대답하는 방식으로 교육을 진행하니 학습의 질과 능률도 크게 떨어진다. 우리는 이러한 불편한 생활환경 아래서 눈높이와 기대감을 낮추고 생활하려고 노력하지만, 우리 삶의 패턴이 깨지면서 가끔 멍하거나 지친다는 느낌도 든다. 더구나 언제 끝날지 모른다는 답답함과 좌절감이 느껴진다. 심지어 사회적 재난, 전시상황 같다는 느낌마저도 든다.

이런 상황에서 일은 뜻대로 되지 않고 시험에도 실패하면 짜증과 화가 확 올라온다. 깊은 좌절감에 빠져든다고 말하는 이도 있다. 충분히 공감되는 감정이다. 모든 사람이 이런 상황에 자유롭지 않은 것은 사실이지만 그럼에도 좀 더 나은 우리의 삶을 위해 몇 가지 정리해보면 좋겠다.

밖으로 표출되는 부정적인 감정은 우리 내면에 쌓여 있는 감정이 외부자극 (일이 잘 안되거나 시험 실패 등)에 의해 튀어 오르는 현상이다. 주변 사람들이 진정하라고 조언을 하지만, 당사자 입장에서는 쉽게 다가오지 않는다. 오히려 다음과 같은 생각이 들기도 한다.

"일이 뜻대로 안되고, 시험을 망쳤는데 어떻게 화가 안날 수 있지?"

게다가 스스로 "나는 운이 없나 봐. 하는 일마다 이 모양이네", "그럼 그렇지... 이럴 줄 알았어"라고 자신을 더욱 비난하기도 한다.
이러한 말은 한편으로는 맞고, 한편으로는 틀린 것이다. 본인 생각으로는 맞는 말이지만 본인을 위해서 생각해보면 틀린 말이라는 뜻이다.

위 문장에 담겨 있는 의미를 정리해보면, "일이 잘 안되거나 문제가 생기면 화가 나는 것이 당연하다", "그래서 화를 내는 것이 당연하다"라는 인식을 가지고 있음을 알 수 있다.

일이 뜻대로 안되면 왜 화가 나는 것일까?

대답은 간단하다. 내 인생은 술술 잘 풀리고, 더 좋아지기를 바라기 때문이다. 즉, 나는 내 인생의 성장과 번영을 바라는 욕구가 큰 사람이라는 뜻이다. 그런데 일이 잘 안 풀리니 기대가 큰 만큼 화가 나는 것이다. 내 인생이 현재 수준으로도 충분하거나 특별히 어떤 기대가 없는 사람들은 정말 그러려니 생각하고 화를 내지 않는다. 기대가 없으니 화낼 일이 없는 것이다.

"나는 내 인생이 잘 되기를 진심으로 원하는 사람이다"라는 사실을 알았다면 잘되기 위해서 어떻게 하는 것이 바람직할까?

일이 안 풀리더라도 기다리고, 열 받는 마음을 최대한 빠른 시간안에 풀어내는 것을 목표로 하는 마음가짐이 필요하다. 예를 들어 축구선수가 중요한 시합에서 어처구니없는 패배를 당하는 경우를 종종 볼 수 있다. 이때 선수와 감독에게 우리가 바라는 것은 한가지이다. 어서 마음 정리하고 다시 훈련에 집중에서 다음번 경기를 잘 치러주기를 바라는 것이다. 시합이 뜻대로 안된다고 경기장에서 분풀이하는 선수를 볼 때 실망스럽고, 곱지 않은 시선을 보낼 수밖에 없는 상황을 떠올려 보면 쉽게 이해가 된다.

화풀이하는 선수에 비해, 어떤 선수들은 차분하게 자신의 부족함, 실수를 인정하고, 열심히 보강해서 다음번 시합에서 부진을 털어낸 후 의젓하게 이렇게 말한다.
"지난번에 힘들었지만 도와주셔서 감사합니다. 덕분에 이번 경기에 좋은 결과를 내게 되었습니다"
우리는 이러한 표현을 하는 선수들에게 더욱 마음이 가고, 더 힘차게 응원하게 되는 것이다.

＊상황은 계속 바뀌고 변화한다.
일이 잘 안 풀릴 때, 지금처럼 어려움이 지속될 때, 자기비하, 투덜거림, "난 안돼"라는 표현을 금기어로 지정하

고, 사용하지 않았으면 한다.

오히려 "그래 이 정도면 충분히 노력했어"

"덤덤하게 잘 넘어가 보자"

"최선을 다한 거다"

"절대 불운의 사슬에 말려들어 가지 않겠어"

라는 표현을 반복하면 좋겠다.

지금 우리는 정말 잘하고 있고 최선을 다하고 있는 중이다.

04
남이 잘되는 것을 부러워하지 마라

9

주변 사람 누군가 부러울 만큼 좋은 일이
생기면 농담처럼 "부러우면 지는 거다"라는 표현을 한다.
우리는 다른 사람들이 어떤 일이 잘될 때 부러움을 느끼는
것일까.

- 다른 사람이 구매한 집이 폭등하거나
- 새로운 자동차를 산 경우
- (나보다 빠르게) 승진했을 때
- 다른 집 자녀가 (내 아이보다) 좋은 학교에 들어갔을 때
- 학교 다닐 때 분명 나보다 못났던 친구가 멋진 이성을 만날 때
- 나보다 성적이 잘 나온 경우, 게다가 더 좋은 학교로 진학

했을 때

- 친구가 연봉이 좋은 직장 다닌다는 소식 들을 때
- 친구의 부모가 그 친구의 집을 마련해 주었다는 소식을 들을 때....

또 부러워할 만 한 일이 뭐가 있을까.... 아마 더 많이 있을 것이다.

부러움을 느낄 때 우리는 어떤 감정과 기분을 경험하게 되는지 생각해보자

"그 친구가 잘되어서 다행이다. 근데 나는...."

부러움을 느낄 때 점검해봐야 할 부분이 위와 같은 사고 방식이다. 부러워하고 축하해주고, 잘 된 것을 기쁜 마음으로 표현하는 것까지는 좋은데 한편으로 현재 그런 일이 없거나 오히려 잘 안 되고 있는 내 처지에 대한 '결핍의식'을 느끼고 있는지 점검해 봐야 한다.

위 언급한 내용 중에 내가 잘못한 부분은 전혀 없다. 다만, 미처 모르는 사이에 기분이 가라앉게 만드는 방식이 있는지 찾아보는 것이다. 나에 대한 '결핍 의식'은 꽤 나쁜 습관, 나쁜 사고방식에 속한다. '나쁘다'는 의미는 나에게 좋지 않은 영향을 주고 있음을 뜻한다. 직접적인 자기 비난은 아니지만, 은근히 강력한 힘으로 스스로를 가라앉게 만드는 힘을 지니고 있기 때문이다. 나도 모르게 상대방과 비교하는 방식이 습관적으로 자리 잡았으며 다른 사람 이야기를 듣는 동안 그 사람의 이야기를 듣는 것이 아니라 내 처지에 실망하는 것에 집중하는 문제를 가져오는 것이다.

1) 충분히 기뻐해 주고 그걸로 끝내라.

오늘부터는 다른 사람이 잘된 소식을 듣고 충분히 기뻐하고, 충분히 축복해주는 것으로 끝내는 습관을 만들어 보자. 특히 싫어하거나 미워하는 사람이 잘 된 경우 이 방식을 강력하게 반복하는 노력이 필요하다.

그 사람이 잘된 것은 그 사람 복이고, 그 사람 운이며 그 사람 인생의 일이다. 내가 거기에 들어가서 내 처지와 비교하느라 에너지를 소모하고 우울감, 결핍 의식 느끼는 것을 반복해서는 안 된다.

또한, 미운 사람, 견디기 어려울 정도로 싫은 사람이 하필(?) 잘 되었을 때 "잘 먹고 잘살아라"라고 축복(최대한 덤덤한 마음으로)해 주고 잊어버리는 습관이 필요하다. 그 사람과 내 생활을 철저히 분리하고 나의 현재 삶에 최대한 집중하는 노력을 하는 것이다.

이런 방식에는 중요한 메시지가 담겨 있다.

내 생활에 집중하고, 호흡이 흐트러지지 않도록 도와주며 내 복, 내 운을 잘 찾아오기 위해서이다. 다른 사람 때문에 또는 싫어하는 사람에게 생긴 일에 집중하고 부러워하거나 속상해하느라 시간을 소모하는 것은 바람직하지 않다.

이와 반대로 가까운 사람이 안 좋은 일, 힘든 일을 겪게 되었을 때 충분히 함께 고민하고 힘들어하는 것이 필요하지만 내 생활에 필요한 에너지를 고갈시키며 감정이입하는 방식은 주의해야 한다. 내가 에너지를 보유하고 있어야 힘든 사람을 도울 수 있고, 그 일을 극복하는 데 도움을 줄 수 있기 때문이다. 이런 방식이 진정으로 돕는 것이라 할 수 있다.

2) 내 생활, 내 복 잘 챙겨보기

앞서 언급한 내용은 간단한 듯 보이지만 실천은 쉽지 않을 수 있다. 하지만 내 삶이 소중함을 명확히 인식하고 차분하게 한 가지씩 실천하는 노력을 권한다. 우리 사회는 어려서부터 남의 일에 신경을 많이 쓰도록 권하는 특징이 있다. 다른 사람과 비슷하거나 더 잘해야 안도감을 느끼도록 심리적 습관을 형성해왔다. 그런데 남보다 더 나아야 한다는 생각은 강한 데 비해, 내가 행복하고 내가 잘되는 개념은 무엇인지 정리가 안 되어 있다 보니, 정작 '내 것'이 명확하지 않은 문제가 있다. 다른 사람이 내 생활 수준, 내 행복의 척도가 되어 있는 것이다.

남보다 나은 것에서 안도감, 행복감을 찾지 말고, 자신의 삶이 어떤 면에서 더 좋아지고 있는지 찾아야 한다. 또한, 더 좋아지려면 스스로 어떤 노력을 더 해야 하는지 발굴하고 노력을 지속해야 한다.

05
알아야 하고, 멈춰야 한다

,

우리는 자신이 어떤 문제, 오류를 반복하고 있는지 스스로 알기는 쉽지 않다. 주변에서 알려줘도 소용없는 경우가 많다. 그 이유는 자신의 문제가 무엇인지 잘 '모르기' 때문이다. 또는 자신의 문제점을 알고 싶지 않거나, '나는 항상 옳다' 라는 생각이 작용하기 때문이다. 앞뒤 순서가 바뀔 수 있지만 '모르기 때문에 개선의 필요성을 못 느끼는 경우' 도 있고, '못 느끼기 때문에 자신의 문제점을 모르는 경우' 도 있다. 이런 이유로, 우리는 자신의 문제점을 보지 못하는 경우가 많은데, 이를 맹점(Blind spot)이라고 한다.

운동선수들은 자신의 경기 영상을 다시 보면서 고쳐야 할 점을 찾는다. 특히 문제가 있는 부분에서는 천천히 반복적으로 관찰하며 문제점을 찾는 노력을 기울인다. 운동선수들과 달리 일반인들이 일상에서 자기 스스로의 심리적, 행동적 특성을 영상 보듯이 객관적으로 살피기는 쉽지 않다. 심적 통증, 신체적 통증이 있을 때, 스스로 그 원인을 탐색하고 해결방안을 찾기란 쉬운 일이 아니다. 그러나 수시로 겪는 두통, 배 아픔, 과민성 대장증상 등 만성통증은 삶의 질을 크게 떨어뜨리기 때문에, 힘들더라도 자신의 심리적, 행동적 특성을 관찰하여 문제의 원인과 해결방안을 찾아야 한다.

"컴퓨터 앞에 앉아 타이핑을 하면, 나도 모르게 어깨를 든다. 한참 지나면 어깨가 필요 이상으로 올라가 목에 통증을 느낀다. 이런 과정을 멈추는 하나의 방법은 어깨를 드는 근육과 타이핑에 가동되는 근육을 분화하는 것이다. 그러려면 먼저 두 행동이 동시에 일어난다는 것을

신경세포들이 연결되어 '뇌지도'가 만들어지고, 동작이 반복되는
현상이 일상화되면 뇌지도 융합이 강화된다.

자각해야 한다."

[노먼도이지, 2018.]

위의 사례에서 보듯이 어떤 동작을 반복하면 뇌에는 신경세포들이 발화하여 서로 간에 배선이 일어난다. 신경세포들이 연결되어 '뇌지도'가 만들어지고, 동작이 반복되는 현상이 일상화되면 뇌지도 융합이 강화된다. 우리가 '습관'이라고 일컫는 것들은 이처럼 뇌지도가 강화되면서 만들어지는 것이다. 이러한 뇌과학의 원리를 참고하여 통증 문제를 해결하기 위해서는 다음과 같은 절차를 반복해야 한다.

'자각' – '문제점 인식' – '생각과 동작의 분화, 분리'

'나는 컴퓨터 타이핑을 할 때 어깨가 올라가는구나' 하는 점을 먼저 '자각'하고

– 이게 문제구나.

– 그래서 어깨가 아프구나.

내가 컴퓨터 할 때 계속 이러는구나.

- 그동안 어깨가 많이 아팠던 이유가 이것이었구나.

- 고쳐야겠구나. 안 그러면 계속 아프겠네.

신경성 위염, 신경성 대장증후군 등에서 보이는 '신경성'이라고 하는 용어는 '뇌 가소성'에 의해 통증 연결지도가 활성화 또는 강화된다는 의미이다. 통증 연결지도가 한번 연결되고, 그 연결이 거듭될수록 자연스럽게 '스트레스 – 두통' 공식이 만들어진다. 스트레스-두통의 공식은 '스트레스 – 체함'으로 발전할 수도 있다. 이러한 통증 연결구조는 우리를 몹시 불편하게 만드는 요소이다. 약을 먹어도 쉽게 개선되지 않는 불쾌하고 묵직한 불편함이라 할 수 있다.

해결 방법 중 여기서 제시하는 것은 '깨달음'이다. 그 다음은 '분화'와 '분리'하는 노력이다. 이미 뇌지도가 그려진 연결고리를 약화시키고 새로운 지도를 그려야 한다. 그러려면 컴퓨터를 타이핑하는 동작과 동시에 어깨가 상승하는 부분을 인식하고, 어깨 힘을 빼고 타이핑하는 동작을 신경을 써서 시행하는 과정을 거친다. 이때 가능하면 최대한 힘을 빼야 한다. '힘 빼고 타이핑하기'를 자주 반복하여 새로운 뇌 신경세포가 연결되도록 해야 한다. 이 과정에서 점차 통증이 감소됨을 경험할 것이다.

이러한 노력은 우리 몸과 마음이 제대로 기능할 수 있도록 '기능적 통합'을 가능하게 해줄 것이다. 삶을 살아가는 동안 자신에 대한 깨달음은 쉽지 않다. 그만큼 자기 변화가 쉽지 않음을 의미한다. 이러한 '자기 돌아보기'는 조직의 리더들이 갖추어야 할 매우 중요한 리더십 요소라고 할 수 있다. 수시로 자기 깨닫기, 자기 돌아봄 기능이 발달한 리더는 자기 발전은 물론 팀원 또는 부하직원들에게 좋은 삶의 이정표를 제시해주는 힘을 가진 사람이 될 것이다.

"마음은 뇌의 기능을 점진적으로 발전시키고 프로그래밍하기 시작한다.

우리가 경험하면 신경 물질 (뇌의 신경세포 연결)이 스스로
를 조직한다.
뇌는 새로운 신경 경로를 만들 수 있다."

[필텐크라이스, 1949.]

'나는 무엇에도 시달려서는 안 된다'

06
몸관리는 신경쓰지만, 마음관리는
무관심한 우리

,

우리는 매일 운동을 하면서 몸매관리나 체
중 관리에 매우 신경을 쓰며 살고 있다. 조금만 살이 찌
거나 배가 나오면 놀란 듯 신경을 쓰며 관리에 들어간다.
몸에 대한 레이더를 바짝 세우고 수시로 살피고 보완작
업을 한다. 그런데 마음에 대해서는 어떤가.

마음관리를 하지 않는다는 표현이 맞을 것이다. "몸이 건
강하면 마음도 건강하다"라는 표현은 절반만 맞는 말이
다. 몸의 건강이 마음의 건강에 영향을 미치지만, 마음의
건강이 몸의 건강에도 영향을 미친다. '몸 - 마음'은 상
호작용을 하는 관계이며, 한 방향으로 흐르는 것이 아니

다. 신경증, 스트레스가 심해 마음의 건강이 나빠지면 복통, 두통 등 육체적 병증을 달고 사는 현상이 그 증거이다. 심리적 스트레스가 몸의 병으로 나타나는 것이다. '몸과 마음'은 항상 서로에게 깊은 영향을 주고받는 관계이다. 인간에게 있어 '몸과 마음'은 하나인데 사람들이 인위적으로 구분 지어 놨을 뿐이다.

병원에 가면 의사로부터 "스트레스 때문이다", "마음 편하게 가져라"라는 충고를 자주 듣는다. 마음과 몸은 하나이다. 한쪽이 기울면 다른 한쪽 역시 균열이 생긴다는 점을 알아야 한다. 미국에서 마음 치료가 도입된 이후 임신 성공률이 3배나 높아졌다는 연구 결과가 있다. 이는 심신(마음과 몸)의 안정과 균형이 중요하고 특히 마음의 치유와 균형 찾기가 무엇보다 중요함을 알려준다. 이런 내용에 대해 맞다, 틀리다로 받아들이기보다는 내 성장을 위해 다양한 정보를 활용한다는 방식으로 받아들이면 좋겠다.

고3 수험생 중 배탈, 두통, 피부가려움증 등 다양한 신체적 증상에 시달리는 것은 쉽게 볼 수 있는데, 이것이 스트레스 때문이라는 것을 누구나 잘 안다. 그래서 가족들은 수험생 자녀에게 "마음 편히 가져라", "푹 쉬어라"라고 주문한다. 그러나 수험생들은 '마음을 편하게 가져야 한다'는 점을 몰라서 안 하는 게 아니고, '알아도 조절이 안 되는 문제'라는 점이 수험생들의 고민인 것이다.

젊은 시절에 마음관리는 더욱 외면되는 경우가 많다. 그런데 요즘 서점에 가면 '마음 관련 서적'들이 젊은 층에게 많이 팔리고 있고, 심리 치유 관련 유튜브 동영상 시청자들 중 상당수도 젊은 층이다. 이처럼 젊은 층이 마음관리에 관심이 많아진 것은 마음의 고통은 있는데 이를 해소할 방법을 제대로 배우지 못했기 때문이다. 젊은 층이 학교 교육이나 사회적 시스템을 통해 마음 관련 상식을 제대로 쌓지 못하고 성장했고, 성인이 된 이후 마음의 통증을 해소하는 방법을 스스로 찾아보려는 노력의 일환인 것이다. 그러나 부모나 어른들은 청소년기는 당연히 고민이 많은 사춘기 시절이고 나이가 들면 괜찮다는 식으로 대응하거나 학교 상담센터 등을 통해 해결하면 된다는 식으로 가볍게 생각하는 경향이 있다. 그래서 자녀들의 심리적 문제를 초기에 치료하지 않고 방치하여 심각한 상태로 악화시키는 것이다. 심각한 심리적 문제가 있는 학생들에게 공통적으로 나타나는 현상이다.

우리의 삶에서 마음관리, 정신건강 관리는 중요한 이슈임을 인식하는 것이 필요하다.
우리는 매일 자신의 마음상태, 비슷하게 반복하는 생각, 신체적 증상 등을 점검하고 개선하는 노력을 해야 한다. 아래 그림은 어떤 일, 어떤 사람을 떠올릴 때 내 마음이 휩쓸려 들어가는 구조이다. 온통 그 일, 그 사람 생각에 부정적 감정이 휘몰아치는 구조이다. 이 정도가 되면 심적, 신체적 통증에 시달리게 될 수 있다.

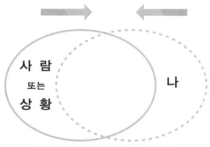

[그림1] 상황에 함몰되는 심리상태

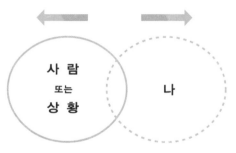

[그림 2] 상황과 분리되는 심리, 쿨한성격

[그림2] 는 소위 말하는 쿨(cool)한 성격의 사람이다. 그는 무슨 일이 생겨도 [그림1] 상태에서 [그림2] 상태로 빠져 나오는 것이다. 그는 그만큼 편하고 가벼워지는 마음을 쉽게 회복하는 사람이다. 우리는 이런 사람이 되려면 평

상시에 상황과 나를 분리하는 것을 반복 작업을 통해 습관화해야 한다. 어떤 상황을 곱씹으며 고통스러워할 것이 아니라 자꾸 상황에서 자신을 분리하여 빠져나오려고 노력해야 한다. 이런 노력을 반복하면 '습관'이 되며, 이습관이 문제와 나를 분리시키는 힘을 키워줘서 상황과의 분리가 점점 자연스러워지게 된다.

언제부터인가 형성된 곱씹고 고통스러움에 빠져드는 습관을 정리하고, 여기에서 분리해서 빠져나와 가벼워지는 습관을 반복적으로 형성하는 것이다. 이것이 '성격 변화'이다. 모든 운동이 반복, 반복, 숙달이듯이 마음 운동도 동일하다. 반복, 친숙, 습관화 전략이 요구된다.

마음근력을 키우는 과정을 반복하고 또 반복해서 이런 상태가 자연스러운 사람으로 바뀌고, 모든 상황에 대해 가볍고 여유 있게 대응하는 사람으로 바뀌는 과정을 만들어 보자. 아령을 반복적으로 들면 팔 근육이 생긴다.

마찬가지로 문제정리 근육을 키우면 마음이 정리되는 근육이 발달하게 되는 이치이다. 내가 하기 나름이다.

07

절대로, 절대로 포기하지 마라

,

　매일 운동 하는 사람들이 많다.

살 빼려고, 건강해지려고, 근력을 키우려고... 운동하는 이들은 이러한 다양한 이유와 사연을 안고 걷기와 뛰기를 꾸준히 실천하는 것이다. 때로는 지겹고 힘들지만, 인내심을 가지고 조금씩 변화되어 가는 자신을 바라보며 시간을 할애하며 반복, 반복하고 있다.

젊은 시절에는 며칠만 운동하면 살이 빠지고, 근육에 확연한 변화가 생긴다. 그런데 나이를 먹을수록 격한 운동에 제한이 생기고, 운동효과도 뚜렷이 나타나지 않는다. 그래도 '운동효과가 왜 없느냐?' 고 투덜거리는 사람보다는 집에서 스트레칭이라도 해보려고 노력을 기울인다. 주변에 자신의 운동비법, 습관에 대해 이야기를 나누며 정보도 교환한다.

그런데 마음공부, '마음근육 키우기 운동'은 좀처럼 하지 않으려 한다. 실천을 해도 남모르게 하거나 시간이 생기면 잠깐잠깐 다급함을 잠재우기 위해 관심을 기울이는 수준이다.

우리는 육체적 건강을 관리하는 데는 많은 지식을 가지고 있지만, 마음의 건강을 관리하는 데는 너무나 지식과 상식이 부족하다. '내 마음의 상태'는 놔두면 알아서 잘 관리될 것이라는 막연한 태도가 압도적으로 많다. 마음에 탈이 생기면 해결하는 데 노력하기보다는 부담스러워하면서 이를 감추는 데 애를 쓰기도 한다. 육체적 건강을 위해 몸에 신경 쓰는 것과 마찬가지로 정신적 건강을 위해 마음 역시 똑같은 수준으로 매 순간 들여다보고, 매 순간 소중히 여기는 자세가 필요하다. 몸 관리의 절반만 큼이라도 마음 관리에 신경을 쓴다면 꽤 많은 효과를 볼 것이다.

혹시 마음공부나 상담치료를 하는 분들이나 이 글을 읽으며 마음공부에 노력하는 분들 중에, '마음공부에 많은 노력을 기울이고 있는데 변화가 잘 안 온다' 라고 느끼거나, '자꾸 무너지는 느낌이다' 라고 느낄 수도 있다.

마음공부가 처음부터 자신이 원하는 만큼 갑자기 큰 변화가 오는 게 아니다. 마음공부를 하면서 조금씩 깨달아가면서 천천히 전체적으로 안개가 걷히는 것이다. 또한, 상담이나 마음공부를 할 때는 해결된다는 느낌이 왔는데, 현실 속에 들어가면 다시 무너지는 경험을 하게 된다. 이는 자연스럽게 있을 수 있는 현상이므로 실망할 필요가 없다. 조급한 마음을 갖지 말고 편안한 마음으로 꾸준히 실천해 가야 한다.

육체적으로 건강한 사람도 감기 걸리고, 약을 먹고 나아지는가 싶더니 다시 장염에 걸릴 수도 있다. 허리 디스크 통증을 해소하기 위해 허리운동을 하는데 "왜 빨리 나아지지 않느냐"고 투덜거리지 말고 편안한 마음으로 꾸준히 하는 것이다. 그러면 어느덧 튼튼한 허리를 갖게 되고 통증은 사라질 것이다.

사람은 살아가면서 아무리 튼튼한 사람도 병들 때가 있고, 하나의 질병을 치료했더니 다른 병이 생길 수도 있다. 건강해도 오늘 컨디션이 좋았다가 내일 나빠질 수도 있다. 마음 역시 마찬가지이다. 마음의 상태도 오르락내리락하는 게 우리 일상이고 우리 삶이다. 늘 좋으려고, 늘 쾌적해야 좋아진 것으로 기준을 삼을 필요는 없다. 다만, 내 마음이, 내 통제, 내 관리 범위에 들어와 있느냐가 판단기준이 되어야 한다. 즉, 조절이 가능한지가 핵심인 것이다.

마음공부를 하는 것이 자꾸 힘겹다고 느끼거나, 자기 발전이 별로 없다고 느끼거나, 자포자기 심정이 드는가?

그러나 절대로, 절대로 포기하지 마라. 당신은 이미 다른 사람에 비해 많이 앞서고 있다. 이것은 분명한 사실이다. 앞으로 반드시 좋아질 것이다.

2차 세계대전으로 도시와 국민들의 마음이 폐허가 된 영국국민들에게 처칠은 한 기념 식사에서 이런 말을 반복하고 단상을 내려왔다.

"절대로, 절대로, 절대로..... 포기하지 마라"

진정한 치료와 치유

마음이 치료되고, 치유되면 어떤 변화가 찾아올까?
쾌적하고, 가벼운, 희망적인 마음이 형성된다.

그런데 새로운 스트레스가 생기거나 다른 문제로 인
해 다시 힘들어질 수 있다.
'치료와 치유'는 보증수표가 아니다.

현재 함몰되어 있고 우울, 불안, 긴장에서 꼼짝 못하
던 마음을 벗어나게 해준다. 또 다른 시련이 와도 과
거처럼 반복하지 않고 좀 더 건강하고 지혜롭게 대처
할 수 있는 사람으로 변하는 것이 치료와 치유의 핵심
개념이다. 과거와는 다른 수준의 삶을 살게 된다는 것
이다.

상담치료 이후 "사람이 달라졌다"라는 말을 듣는 이
유이다.

우리의 삶에서 마음관리, 정신건강 관리는 중요한 이슈임을
인식하는 것이 필요하다.

나는 결정장애가
있어요

초판 1쇄 발행　　　2021년 10월 28일

지은이　　　　　임재호
발행인　　　　　이지현
펴낸곳　　　　　도서출판 두두
디자인 디렉터　　오종국
일러스트　　　　클로이영

ADD　　　인천광역시 남동구 문화서로 3번길 14-7, 101호
전화　　　032-424-8330
팩스　　　032-422-5128
등록　　　353-2020-000028
ISBN　　　979-11-972417-0-3 (03180)

정가 16,800원

파본은 구입처나 본사에서 교환해드립니다.